Hatet

仇 恨

KJELL ESPMARK

[瑞典] 谢尔·埃斯普马克 著

万之 译

失忆的年代长篇系列之五

Hatet
仇恨

世纪文睿
Century Literature

世纪出版集团 上海人民出版社

中文版序

　　这个小说系列包括七部比较短的长篇小说，形成贯穿现代社会的一个横截面。小说是从一个瑞典人的视角去观察的，但所呈现的图像在全世界都应该是有效的。人们应该记得，杰出的历史学家托尼·朱特最近还把我们的时代称为"遗忘的时代"。在世界各地很多地方都有人表达过相同的看法，从米兰·昆德拉一直到戈尔·维达尔：昆德拉揭示过占领捷克的前苏联当权者是如何抹杀他的祖国的历史，而维达尔把自己的祖国美国叫做"健忘症合众国"。但是，把这个重要现象当作一个系列长篇小说的主线，这大概还是第一次。

　　在《失忆的时代》里，作家转动着透镜聚焦，向我们展示这种情境，用的是讽刺漫画式的尖锐笔法——记忆在这里只有四个小时的长度。这意味着，昨天你在哪里工作

1

今天你就不知道了；今天你是脑外科医生，昨天也许是汽车修理工。今天晚上已经没有人记得前一个夜晚是和谁在一起度过的。当你按一个门铃的时候，你会有疑问：开门的这个女人，会不会是我的太太？而站在她后面的孩子，会不会是我的孩子？这个系列几乎所有长篇小说里，都贯穿着再也找不到自己的亲人或情人的苦恼。

失忆是很适合政治权力的一种状态——也是指和经济活动纠缠在一起的那种权力——可谓如鱼得水。因为有了失忆，就没有什么昨天的法律和承诺还能限制今天的权力活动的空间。你再也不用对自己的行为承担责任——只要你成功地逃出了舆论的风暴四个小时，你就得救了。

这个系列的七部作品都可以单独成篇，也是对这个社会语境的七个不同的切入视角。第一个见证人——《失忆》中的主角——是一个负责教育的官僚，至少对这方面的灾难好像负有部分责任。第二个见证人是一个喜欢收买人心的报刊主编，好像对于文化方面的状况负有部分责任

（《误解》）。第三个见证人是一位母亲，为了两个儿子牺牲了一切；儿子们则要在社会中出人头地，还给母亲一个公道（《蔑视》）；第四位见证人是一个建筑工人，也是工人运动的化身，而他现在开始自我检讨，评价自己的运动正确与否（《忠诚》）。下一个声音则是一位被谋杀的首相，为我们提供了他本人作为政治家的生存状况的版本（《仇恨》）。随后的两个见证人，一个是年轻的金融巨头，对自己不负责任的经济活动做出描述（《复仇》），另一个则是备受打击被排斥在社会之外的妇女，为我们提供她在社会之外的生活状况的感受（《欢乐》）。

这个系列每部小说都是一幅个人肖像的细密刻画——但也能概括其生活的社会环境：好像一部社会史诗，浓缩在一个单独的、用尖锐笔触刻画的人物身上。这是那些伟大的现实主义作家如巴尔扎克曾经一度想实现的目标。但这个系列写作计划没有这样去复制社会现实的雄心，而只是想给社会做一次 X 光透视，展示一张现代人内心生活的

3

图片——她展示人的焦虑不安、人的热情渴望、人的茫然失措，这些都能在我们眼前成为具体而感性的形象。其结果自然而然就是一部黑色喜剧。

这七个人物，每一个都会向你发起攻击，不仅试图说服你，也许还想欺骗你，就像但丁《神曲·地狱篇》中的那些人物。但是；这些小说里真正的主人公，穿过这个明显带有地狱色彩的社会的漫游者——其实还是你。

Kjell Espmark（签名）

2012 年 9 月

译注:

托尼·朱特（Tony Judt，1948—2010）为英国历史学家，其代表作是《战后：1945 年来的欧洲史》。米兰·昆德拉（Milan Kundera，1929—   ）为长期流亡法国的捷克作家，代表作有《生命中不能承受之轻》等。戈尔·维达尔（Gore Vidal，1925—2012）为美国作家，擅长创作当代历史小说。所谓"健忘症合众国"英文为 United States of Amnesia 和"美利坚合众国"United States of America 谐音押韵。

你可以靠近点啊。摸摸我吧。你不用害怕你的手指会沾上血——我们这种死了有一段时间的人，少了的就是血这种商品。有什么活着的人不时来摸摸，这是很要紧的。慢慢地我们也就灯干油尽了。你实际上就像一个活人，在所有这些稀少的奢侈品中间，几乎是不透明的了。你混杂在这些玫瑰和菊花的光泽里，在家禽啊奶酪啊鱼啊蔬菜啊等等的闪光里，真是一块没有意识的固体，就在这些过剩的光泽和香味中间，你还真是一个活人呢。

　　你来看我，其实是一种羞辱。别动，别缩回去。我一点也没有斥责你的意思。羞辱人的事情，就是一个活人能看到我在这个食品商场里成了一个囚犯，而且还是一个堆满了富人们要买的东西的地方——就这一点也就够损人的了。让你看我这个样子，没有了我平常的重量，也是够让人难堪的。我就像是被一阵突然的风刮走了，后来无能为力地滑倒在洒了水的地板上。我流失了很多血，这个你是肯定知道的，不过让我变得这么轻的还不是这个原因。是我的自主权被人用某种方式偷走了，然后被人扔在这里，就和那些被剥皮的动物身体一样，或者说得更准确的话：就和我们左边那些动物身体的潮湿的光泽一样。可还是有什么东西告诉我，通过我这一死，我倒变得更加重要了，对啊，就是要等我死了以后，我才可以在现实里扮演一个更意义重大的角色，也许在国际舞台上都是如此呢。

我想，我完全理解你为什么到这里来。你是要询问我这次谋杀的事情。当然是因为对于这次谋杀的调查进入了僵局。不，不是进入了僵局，而是成了永久的秘密了：调查组成了像教廷那样的中央政府管理的官僚机构，要在所有将来的时间里继续监管那些不可能回答的问题，要牢牢保守住那些机密，要严禁一切偏离方向的解释，还要为红衣主教位置的设立争论不休。为的是不时地能把一种洞察内幕的兴奋感或者是一种黑色的怀疑传遍整个社会。

不过，你不属于这个其实没什么权力的权力组织，而是出于另一种完全不同的好奇心，有一种更加坚决果断的固执劲头。你是准备好了来听我讲的。这我在指尖上都能感觉到了。我就是没想到，一个调查员怎么可以像你这样

2

自由活动。得了，你就别说什么了。我不要你来介绍你自己是什么人。我必须和你保持一种清晰的距离。要不然的话我的脑子就不好使了。我做不了那些零碎细小的事情。要是你耐着性子听一会儿，你就会明白了。

你自己当然一直都很清楚，我从来没看到那个凶手。或者说那几个凶手。捅刀子的人是从我背后过来的，然后我一下子就脸朝地面趴下了。就算是从我前面来攻击我，那也没有什么两样。我还是不会看清楚凶手的面孔，用我这双眼睛是看不清的。不过，你也不是就来了解什么一般的情况介绍吧。你肯定很清楚，谁握着刀子其实是次要的事情。不会比了解刻在刀柄上的那个工厂的名字更重要。重要的是搞明白，为什么这把刀子一定要插到我的身体里搅动，愿意握住这把刀柄的手肯定是足够多了。不过，你要搞明白的是，为什么必须把我杀死。而这个问题既不是你也不是我能单独回答的。不管你去想多少那些个别的给你感官印象的东西，面孔啦，气味啦，事件啦，照片啦，脚印啦，血迹啦等等——可你根本看不到它们之间有什么关系，或者在这堆东西里有什么刻意的模式，因为我们是生活在一个失忆的时代。我是一个政治家，看问题当然是从大的方面看的。我能看到那些结构，那些隐蔽的诅咒人的关系，我能看到那些强制性的模式，不过我看不到哪怕

3

是一张面孔，一个手势或表情，听不清一个人的声调，甚至闻不到一点特别的气味。要是你能把你的感官借给我，那我就能把我看问题的角度借给你。

我自己当然是什么都记不住了。不过，等我开始说的时候，那些词就落到我舌头上了，就好像我还是记得什么东西。也许就是我讲的事情本身就会把事情继续讲下去。就好像我开始做一次演讲的时候，慢慢地就会被一种奇怪的不属于我自己的激动情绪控制。那时候其实就不是我在演讲，而是演讲本身自己在演讲了。就像是在我滔滔不绝雄辩的时候，在我卖弄修辞的时候，我现在说的是不是真实的情况，我也知道得微乎其微。我知道的就是，这得说出来。而这点好像是很真实的。

你肯定考虑到了，在这个商场里的灯光是减弱的，还有淡淡的不过也是明显不会弄错的硫磺气味，木板和墙壁上也都是黑颜色。也许你想到过，地狱看上去不就是这个样子的吗。不过，要是你这么想，就是太粗心大意了。你应该知道，有许多种不同的地狱。在我们这个国家，我们每个人都买得起自己的地狱了。你上学的时候就已经得到了帮助，就能给这个地狱找到一个形式，它就相当于你个人的一个出发点。不对啊，在所有那些用具上的恶毒的臭味和黑烟都是属于仇恨的。你没有感觉到吗，在我们周围什么都是让人仇恨的？**这个就是我的地狱啊。**

　　如果你来找我，就是要想明白，为什么要不惜一切代价除掉我，那我就要跟你谈谈仇恨，一种这里或那里到处开始生长的仇恨，开始有一点点漫不经心，粗略潦草，但是最后充满了整个造物主的世界。而正是在我身边，所有的这种仇恨收得越来越紧，越来越硬。直到最后，也就只剩下一种可能的结局了。

从什么地方开始呢？我在手里掂量的这个罐头，正能强调说明，这个食品商场可不是一个偶然的地方。我想，我从柜台上抓住这个罐头，是因为它现在正有什么事情能告诉我们。我还难以把它放在我考虑的焦点上，不过从你惊讶的样子我就明白了，这是一个有点老式的水果罐头，也许是一个装了李子的玻璃罐头，盖子下面还有密封用的橡胶圈，就是那种先把水果煮过，然后借助负压密封起来的那种罐头，我无法看清楚那些文字了，甚至连商品标签都看不清楚了。不过我还是能从这个罐头里读出早先的一个历史章节。

　　我们，就是说我和埃利克，慢慢摸索着进入了半明半暗的地下室。因为这是我们家用作办公室的地下室，所以我是能拿到钥匙的，不过我们是用一个铁棍子把锁给撬开的。这么做当然是有意的。这是一次突然袭击，当然不能用钥匙开门。埃利克有一顶从北欧百货大楼买来的硬纸板做的德国式头盔，他对按照军队的样子做事情是非常认真的。也就是那个撬开的锁，以后会让母亲的怀疑落到别人的头上。

就是在地下室里有很多罐头，一个架子又一个架子的罐头，多半是水果和浆果的，不过也有一些罐头是肉的，还有一些是鲜蘑和香菇的。此外，还有几排放的是果汁的瓶子，红色的、紫色的和黄色的。架子本身是用灰色的、柔软的木板做的，当我为了抓住时间，把手指从架子上划过的时候，感觉它们几乎就像是绒毛。我们在这里面度过了一个让人振奋的半天，这也是一个香味的迷宫，让人既陶醉，又在身上唤起一种受到惊吓的愤怒感。

是我先开始砸的。铁棍子砸到罐头上的时候，有一两个罐头破了，还有些摔碎在地上，那声音是巨大的。我一下子就变得虚弱无力了，把棍子递给了埃利克，他就站在我的旁边，在军队的级别里他是离我最近的。我努力稳住我的手，不要让手发抖。埃利克带着恐惧和疑问的神色看着我。我就短促地点点头。他还是犹豫不决，这时候我就严厉地说了一句，"动手啊！"于是他就小心翼翼地开始砸罐头了，起先还朝我这个方向看看，然后就爆发了一阵怒火，这钟怒火自身就烧起来了。最后他也完全精疲力尽了，我就接过来继续砸。现在该轮到砸那些饮料瓶子了。我几下子就把它们全都捅到了地上。很快，我们就踩在一大堆碎玻璃和一摊摊深深的果汁里了。我们走动的时候鞋子下面都会有咯吱咯吱的响声。山莓、大黄、苹果酱和蘑菇的气味是那么强烈，让我几乎要呕吐。

就在这种让人恐怖的恶作剧之中，我们有一种因为主持正义而很悲壮的感觉。至少我是那么感觉的。埃利克的家庭背景是受穷受气的，实际上觉得把这么多能吃的东西糟蹋掉真是太没有必要了。完全可以把这些东西搬到什么别的地方去。他还没有什么伟大的眼光。他当然缺少我内心的这种负疚感，这种社会良心的不安。

我隐约记得，这次造反只不过是对社会的种种巨大不公之一的突然袭击，但轮廓还是模糊不清的。我甚至还不能肯定，这个时候是否人们已经开始谈什么突然袭击了。不管怎么说，中国那边还在打仗，人们在饿死，也许很快就会是世界大战了。我母亲就相信这点。而这里呢，我们家储存了这么多这么奢侈的东西，只不过让一小撮有特权的人享受。不就是这样的原因在驱使我们造反吗？当我站在那里，在一种困惑中用铁棍砸碎罐头的时候，我想我打击的其实就是我自己的家庭。整个家庭都是有教养的，彬彬有礼的，无忧无虑的，正是这种情况倒给了我一种大多数人没有的权力。同时，我砸烂这些罐头，也是唾弃这种罐头储存起来的过去，那些储存在罐头里的成熟的夏天，那些在长满山莓的乡村和能采到鲜蘑的森林里度过的温情脉脉彬彬有礼的午后，还有那个玻璃盖下面细小精致的冷凝水珠。你只要拉那个橡皮圈，把盖子打开，就能得到一种让你得到营养的过去，而这可不是人人都可以得到的：——"我的小伙子啊，我们家可是有历史背景的，这个家庭的过去金碧辉煌，安定富足啊。"我的祖母就是这么说的，还带着挪威人的口音。"这可是你能靠得住的。"

埃利克突然看上去害怕起来，把铁棍递给我。他是我的参谋长，在制订作战计划和执行任务的时候都曾经派过很大的用场。他当然比我还小两岁，也只上过一年学，可他对战略非常感兴趣，总是追踪战争的消息，还把有小旗子的大头针插在那个叫南通的地方，或者随便它叫什么地名吧。可是现在他吓得脸色都不一样了，还朝地下室里更加黑暗的那个部分点头，这很神秘的样子只有我能看得见。还有更多的东西可以砸烂吗？我朝那个越来越黑的地方进一步看过去，只要肉眼还能看见的地方都是罐头的闪光。我就开始重新砸，穿过那些玻璃碎片和果酱往前又走了几步，这时我才注意到地面是向下的，一个台阶又一个

9

台阶地往下延伸，下面其实还有一层。然后又是一层，又是一层。那些架子和罐头就没有个尽头！我继续砸，继续捅，尽管胳膊都已经感觉麻木了。下面也越来越黑，直到地下室里还能让我信得过的部分都从眼界里消失了，都看不见了。相反，感觉光线好像就是来自那些架子本身。没错，那些罐头自己会发出微弱的光线。不光是果酱，还有水果在从地上的玻璃碎渣子里涌出来，还有其他东西在活动，在发酵，在爬行，在吱吱地尖叫。它们很像是小小的身子弯曲的蜥蜴，在膨胀起来的脑袋上还有巨大的眼睛。这种生命在你触摸它们的时候还会发出抱怨的声音，还会焦急不安地用眼睛盯住你看。我有了一种很强烈的大祸临头的感觉。就好像我们自己发动了什么事情，现在这事情威胁着要把我们也裹挟进去。好像是有种我们看不到的东西接了过去，试图把我们也埋没在玻璃渣子里，埋没在这种怒火中，在这种喃喃自语的罐头装着的生活里。

我都不知道我们是怎么从这种黑暗和玻璃碎片里撤退出来的。我只知道，是我开了头，是我在一种模糊的负罪的感觉里，开始在罐头中间乱砸。也是我在一种更直接也更吓人的参与犯罪的感觉里收了兵，这种罪行如此巨大，以至于都叫不出它的名字来了。

在埃利克的帮助下，我已经做好很多计划，能够打一场至少三十年的战争了，可突然感觉这件事情已经陈旧没有什么新意了。当真正的世界大战开始的时候，我们的合作就出了毛病。在埃利克家里，订的报纸是《斯德哥尔摩日报》，而且他们家也是站在德国人那边的。很快，他就要把他的小旗子插遍俄罗斯南部了——要是到了他能把小旗子插到高加索的时候，那就是他的大好日子了。而在我家里，我们是站在西方同盟国这边的，到了后来，也站在俄国人这边，虽然还带一点犹豫。因为我母亲是挪威人，所以这些年来，德国占领挪威，还有从那里涌来的难民潮等等，都是让我们感到揪心的事件。埃利克和我会避免谈论政治。我们的圣战其实和德国人或者英国人都没有什么关系。这是对社会的不公正的讨伐。我们看过埃罗尔·福林主演的电影《侠盗罗宾汉》至少六次了。不过，在眼下这个阶段，把绿林好汉真当回事情的不是我而是埃利克。

我相信，埃利克对德国军装的口味随着时间过去越来越寡淡了。来自挪威的难民肯定能告诉他很多事情，让他多少感觉到，在德国人那些快活轻松的庆祝游行队伍后面其实还有什么样的黑幕。到了阿拉曼战役之后，埃利克就完全站到我们这边来了，我们学校里也把第一外语改成了英语。不过，这个时候我们自己的讨伐计划也大打折扣，快黄掉了。我们两个人都不愿意再谈起对地下储藏室发起攻击的事情了。

在那次对地下室的突袭之后，埃利克也有点开始怕我了。我在那些放罐头的架子前面表现出的暴力和狂野肯定把他吓得要死。以前他肯定从来没见过这样发起攻击的场面。只在他妈妈那里看到过吧。不过，他妈妈攻击的对象还是她自己啊。

听起来也许就像所有这些事情我都记得似的。我自然什么都记不住了。其实好像是这些架子上的罐头把所有的这些事情都储存起来了。我要把过去的什么事情重新再构建起来的时候，我最能依靠的就是这里出卖的什么东西。我自己其实连一点该死的皮毛都记不起来了。为我记起事情来的是这个大商场里像往事回声那样的情境。至于我刚才说的事情是否真的发生过，我根本就拿不出任何保证。没有任何其他事情，只有对于地下储藏室的那次袭击，或者更准确地说，是我对我自己的社会阶级的整个疯狂反抗，能够对应在这商场里面攻击我的那种仇恨。转身对自己的阶级开战的人，是从来不能原谅的。就好像是地下室里的那些玻璃碎片已经让仇恨开始燃烧出怒火了。

最可怕的是这个食品商场记得住它愿意记的事情。它能够随意摆布我们的过去，就像它也能随意摆布我们的现在。它把所有能卖的东西都收归自己管理，不仅是我们的身体，也是我们的头脑和心里存有的一切。不过，这个商场里面做买卖的叽叽喳喳的声音，只能在有商业利益的程度上，才能把过去的事情产生的结果引诱出来。是你，还有这个市场里其他的可能的买主，决定了是否有什么东西是需要知道的。我要讲的历史，是有价钱的。

也就是说，不像那个法国作家的书里写的，不管这个作家叫什么名字吧，书里的主角，那个英雄人物，把一块饼干浸在咖啡里面，就能突然记得小时候的一个类似的情景。现在可不是他在记忆了，而是来自点心柜台上的饼干在为他记忆。而且只记得那么多，于是有什么买主就愿意出钱把它买下来。就是这个买卖本身在为他记忆。

这个食品商场拥有一切。也拥有我的故事。

———————

译注：

埃罗尔·福林（Errol Flynn，1909—1959）是出生于澳大利亚而在好莱坞成名的电影明星，擅长演出英雄武侠影片。阿拉曼战役（1942）是第二次世界大战重大战役之一，西方盟军在埃及北部阿尔曼击退德军抢占北非苏伊士运河控制权的企图，开始转入战略反攻，德军开始败退。

我刚才还相信过对地下储藏室的突然袭击，是我的历史的开始。但是，这个蔬菜摊子让我开始产生怀疑了。我刚才讲的事情，也许只是一个序幕而已吧，也许更是一个虚假的入口。当我站在这里，愣愣地瞪着这些红红绿绿黄黄的东西，这时候有一种我无法解释的感觉风暴开始震撼着我。这不是什么关于欲望的问题——这个是在欲望的时代之前的事情。这是裸露潮湿的皮肤贴着另外的裸露潮湿的皮肤，不过，这是在腺体和肿胀的身体开始指定那些条件之前。要是我能把握这些蔬菜水果里到底是什么东西，能在警戒状态下让我的感官还保持功能，那就好了。

　　是啊，也许是那样吧。那个你举在手里的……我看不太清楚——也许是白芹菜？没错，你的感官就是那么告诉我的。而我理解的呢，不管怎么说吧，那是一张苍白的面孔，还有一点发霉的味道，不过，我同时还能分辨出一种香料的味道，让我迷失方向，走出了边线。就好像这个蔬菜摊子可以为我记忆。

这张苍白的面孔，还有我自己强烈感受到的种种负疚感——让我看见一个美丽可爱几乎是晶莹透明的姑娘。有人捅捅我的腰，说这就是那个佃农的女儿。我们肯定在阿尔斯维克县的乡下，因为那是夏天，我十二岁。埃利克当然是跟我们一起到乡下来了，可我对他的战争计划已经毫无兴趣了。这个有白芹菜颜色和罪责味道的时刻里，没他的什么位置。他只坐在那里，对着图书室里的什么侦探小说生闷气。

只有她和我。我们一丝不挂，赤身裸体，她时不时地因为咳嗽而晃动着身体，这是因为一种已经在她身上深深扎了根的疾病。在咳嗽停歇的时候，她就用舌头舔我的脖子，舔我的胸膛，有时候甚至敢往下舔到我的小肚子。她没有什么乳房，而我呢，几乎也还不知道什么勃起一类的事情，不过我们有一种无法抗拒的欲望，喜欢脱光了衣服在一起亲热，无非就是亲吻，互相舔舔，用我们十二岁孩子的瘦小肚皮互相磨蹭磨蹭，如此而已。我们偷偷爬到了储藏东西的房顶阁楼上，跪在那些陈旧的旅行箱、掉了漆

15

皮的桌子和生锈的儿童车中间，就用我们的肚皮互相磨蹭着抚爱。

这种抚爱，和妈妈脱光了衣服跟约翰叔叔在一起的样子完全是两码事。妈妈躺在朝着湖那边的草坡上，也是脱得光光一丝不挂地晒太阳，他半躺半坐在她旁边。有人说他是来自奥斯陆的什么大人物，警察头子或者什么省总督一类的，反正我也不知道，反正是个掌握权力的家伙，穿着背心和长袖的衬衫，他的外套和礼帽还有出门散步用的手杖就放在旁边。他其实也是难民，不过他那股气势，就好像他是那种在自己的高位上能够维持到最后的人。整幅图景就是淫秽猥亵的。不过，当我趴在埃利克旁边从灌木丛里往外偷看的时候，并不是妈妈赤裸的身体本身让我的脸因为羞耻而发烫。那是约翰叔叔穿着衣服的小心谨慎让这幅图景变得更加不体面。他是那种不见棺材不掉泪的人，不过也一直知道他愿意做什么。

我可不愿意成为这样一个穿着衣服等待的窥淫癖。我甚至都不能等。我就愿意脱得光光和安妮卡在一起，总是迫不及待。她也愿意这样和我在一起。我都不记得我们两个人中间到底是谁先开始的了。

我们俩都不说话。但是皮肤磨蹭着皮肤，就说明这皮肤在做爱呢。在这幅图景里有一种炙热的东西，是和任何

16

东西都不一样的。请你原谅吧，我在这个事情上停留了那么久，不过，有些非常重要的事情就是从这里开始的。我的意思首先也不是指感官时代之前的那种暴烈情感。不是这个，当我现在再次回到这个闷热的阁楼上的时候，充满我内心的其实是一种炽烈的负疚感。我的归属我的家是在阿尔斯维克县乡下这座查理王朝时期的大庄园里，而她是从佃农茅草房里跑出来的脸色苍白不停咳嗽的小姑娘，身上带着那种房子拖地板用的拖把的酸臭味。我有一个还不确定但肯定前途无量的未来，那里充满了动物求偶叫春时的鸣叫声；她的前面呢，什么都没有。而那种咳嗽，在某种不太清楚的意义上，也是我的罪责。

　　我要把这种咳嗽接过来。我本来是应该在疗养院里至少呆一年的。我对这件事当然什么都记不住了，不过我猜想就是因为这个我总是很厌恶奶油——在那种时代，有钱人家的孩子，就是因为肺结核而养肥的。但是有一件事情是肯定的：我一点都不渴望被治好，不想恢复健康。这种疾病是安妮卡身上的社会伤痕，我愿意跟她分享这种状况，有难同当。我愿意进入到她的憔悴衰弱的生命里，用我们的脸感觉到自己的罪责也变成了苍白的脸色。不过她把我扔在了她后面。她去世了，而我却恢复了健康。不过我的肺叶上还是有她留下的伤痕。我把她装进了我的身体里。她自己也在我呼吸的空气里显现。我非常相信，我的生活就是要接过这种咳嗽。

我的早期少年时代就是用罪责标记的。这种罪责带有的厌恶感随后就对准了我自己的家庭，对准了我自己的生活环境，对准了我自己的出身和我们具有的令人厌恶的特权。我不知道哪种感觉是最强烈的，是我的负罪感，还是我对自己的细致地镶金戴银的家庭背景要暴烈攻击的那种感觉。不管怎么说，我的任务是要管好这种负罪感，把它变成一种责任——尽管这样一种责任会在其他人那里引发出毫无道理的仇恨来。

但是，要不是有过那把刀子戳向我胸口的话，我的社会良心可能也就会停留在乡下了，也就只满足于给那个佃农的茅草房送去一块油毡布地毯或者其他什么东西，满足于给干活的伙计们好一点的条件——

这么多年里，我的胸膛上一直有一个伤口，一个没有人注意到、可我能用我的指尖能清楚感觉得到的伤口。它一直在发痒，从来也没有停止过发痒。

有一个来自挪威的难民曾经抓住我的胳膊，把我顶在墙壁上。墙壁凉飕飕的——我没有穿什么衬衣。我肯定说了什么蠢话，说他们的该死的逃难和我没什么关系，或者说德国人的占领是他们挪威人自己的事情。我肯定是很不高兴，因为我们的餐厅被改用成一个难民睡觉的大通铺，里面充满臭袜子的味道。这个挪威人把我顶在墙壁上，他那把小匕首的刀尖就戳在我的胸口。

——"没有人是一座孤岛"，他在我耳边低声说，"我以为你是明白这点的。我早注意到你对那个佃农家的白脸小姑娘周到体贴的样子了。你已经明白，我们互相负有责任，可你还是没明白，你的责任还要延伸到更大的地方，到那个佃农的茅草房之外去。这把刀子要教训你的就是这个。你不要发抖！我不想伤害你，恰恰相反，我是为你好。我拿这把刀子对着你的胸膛，就是要你的心脏能记住。他妈的，你别乱动啊！否则就可能出乱子。我就是要你记住，你有一种责任，这责任是没有边界的。嗯？"

——"我有一种责任，这责任是没有边界的。现在你还不能把刀子拿掉吗？"

"这刀子根本还没挨着你呢。"

然后他退了一步：

——"真是天晓得！"

我能感觉到，有一股热流怎样流过我的肚子。当我的摸着发痛的地方，我的手指变红了。这发痛的地方就在我心脏旁边。

——"我的刀子根本就没挨着你。我敢发誓。你自己

19

可以看嘛——这上面根本没有一点血。”

　　他对着光线把刀子举起来，翻过来翻过去看着：

　　——这把刀子知道什么我们不知道的事情？

很好啊，你挥手给我一个暗示。要不然我还不会注意到她呢，我相信她对于我们讲的事情是很重要的。不过，你能不能解释，为什么我看到一个陌生的胖女人，跪在地上收拾她翻倒下来的一大堆茶叶包，我会那么感动呢？她因为难为情，脖子上都一块块发红了——我注意到这个，因为我感觉自己的皮肤上也出现了一块块同样的红色。没有人需要这么难为情啊！

　　对了。我突然看到了埃利克的母亲——我叫她艾琳阿姨——跪在他们家很窄小的厨房里一个低矮的柜橱前面。她要拿出一个茶叶包，结果把好几个茶叶包带了出来掉在地板上。在她发现我也在场之前，我已经看到了柜子里大堆的可可粉、奶粉还有咖啡等等，她就感到很难为情的样子，赶紧把地板上的茶叶包收拾起来，又把她那个秘密的储藏柜关闭好。

起初我很吃惊和愤怒。在我家里，我受的教养就是人不该囤积东西，那是可耻的。不过，面对艾琳阿姨红到脖子根的一块块红色，我明白了，那种教养其实是贵族家庭的双重道德。你用不着一听到风吹草动的消息就赶紧囤积粮食。这样的事情是很有失身份的。同时呢，你又把很多不需要的东西藏到身后。你有一大堆的储备，比地下室里那几排被捣毁的罐头架子要多得多了，那种损失你都不当回事情，根本不用大惊小怪——砸了就砸了，你就显示一点"慷慨大度"吧，这是妈妈说的。只要你有钱，你有关系，你有土地财产，还有你家族自己的历史：凡是你需要的你都有，那就行了。对那些沉不住气的人你给他们一点漫不经心的蔑视就好了，这样的代价也是你出得起的。

艾琳阿姨也真的是很沉不住气的人。后来她给我们倒茶的时候，没等茶壶里茶叶泡开，就给我们倒上了——所有危险的事情里，当然包括太浓的茶啊。那种只有浅黄颜色的红茶几乎就是白开水，淡而无味。这和外祖母的茶艺相去太远了，外祖母的下午茶是一种仪式，用的是蓝边镶金的英国茶杯，上面还有围猎的图案，配的是精心制作的糕点。现在我真的感觉到蔑视就在我身体里上升起来了，不过又把它强压了下去——我注意到，艾琳阿姨正不耐烦地等着我的斥责呢。

在埃利克的家里我学到了很多有关世界的事情，比我在自己家里学到的还多，尽管我们家的窗户是对着那些大事件打开的，对着那些源源不断的难民潮流，还有那些无忧无虑的生活经验。从艾琳阿姨和她的总是心情沉重闷闷不乐的母亲那里，还有她的房客那里——全都是女人——我对女人的心理和老百姓的精神状态都获得了更加深刻的内在认识，这是我从生活里任何其他地方都得不到的。

埃利克·克尔维尔的父母和我自己的父母一样，都离婚了。他的父亲是外地人，每年来探望他们一次，带着他和他弟弟去游乐场玩玩，请他们吃冰激凌和糕点什么的。在我看来他实际上是个什么都算不上的可怜虫——不过在克尔维尔家里，他们可不这么看。我母亲是一个性格刚强而严厉的女人，说话果断，还带点挪威人的口音。我想我从来没有看见过她掉眼泪。失去丈夫对她来说根本不算什么损失。是她把他给甩掉的，好像甩掉擦身而过的一种羞辱。很巧的是，他在他们还没办完离婚手续只是分居的时候就去世了，于是全部财产就都留给了她。埃利克家的情况就完全不一样了！他家里是丈夫抛弃了妻子和孩子，把他们从富裕而有保障的资产阶级生活里驱逐了出去，而他自己在冷淡的距离之外，和一个漂亮苗条的女人重新建立

23

起一种新生活，那个女人还分享他的会计公司的资产。

你可以相信，克尔维尔家，其实我能看到的就是这个家庭的碎片吧，也就只能满足于过过被他们自己的大石头压在底下的受了伤害的生活了。但是，这个家庭的特色是充满复仇的欲望。他们想的是要夺回失去的一切，即使这需要付出他们剩下的全部生活也在所不惜。

艾琳阿姨本来没受过什么教育。她要弄一份和她前夫及新太太一样的职业，这太有必要了。即使这意味着她要通宵苦读连床头的灯都永不熄灭。我还从来没见过一个这么要强的女人——或者也是那么脆弱那么容易受伤害的女人。她每天都会控制不住地流泪，就算是她注意到我在她们家里的时候，会竭力把泪水咽下去。她会利用她的泪水来控制埃利克和他的小弟弟，让他们准确地按照她的愿望去行事。每天，他们都必须**认识到**，她是为了他们牺牲了一切。很明显，就是因为这种经常不断的发作，因为绝对地依赖着这个颠三倒四的女人，让埃利克身上培养出了一种气象学意义上的多变敏感。天气什么时候要变了，他总是知道的，同时，他会弄出一整套阴谋诡计，为的是操纵他的母亲。举例说吧，就在母亲哭闹之中，埃利克会装病，这样或者那样的什么病——于是家里马上就雨过天晴了，就好像她不得不去接电话的时候，泪水也马上会停下来。埃利克终有一天会成为我们无比宝贵的资源。

　　艾琳阿姨的母亲会穿过他们的家，就像一道预示灾难的阴影。她是一个寡妇，但从来不提自己丈夫怎么死的，尽管你会感觉到，这个丈夫会继续进入到这个现在来。她走过去的时候就像一条黑豹，一个狠毒无情的标志，随时随地都会毁掉这个小家庭。我懂得了，这个家庭的过去不仅仅是一整套特权，是要蔑视的；它也表示一种模糊不清的威胁，是要去控制住的。

　　我可以像分期付款一样，一点一点追踪艾尔维尔家后来是怎么样又恢复了资产阶级生活的。首先是一套古典式有皮靠背的灯芯绒沙发——现在就再也不需要担心突然有不速之客闯进来了。同时还有了上语法学校的得意，有了两门钢琴课和舞蹈课，还有了学校的音乐会活动等等——艾琳阿姨其实完全是个音乐盲，但是疑心音乐是通向上流社会的路，所以不能放弃。和我自己的生活状况相比，在克尔维尔家的世界里还是有一个大漏洞，也是最明显的。这里没有夏天全家一起到乡下去度假的那种生活，没有保留在一个银行账簿或者股票夹子里的那种生活。甚至连平静地呼吸一下的钱都负担不起。这里只有令人痛苦的不安，每天都有脾气发作，一种贪得无餍的饥渴，要努力挣扎着回到过去的荣华富贵里去。

对于这种要获得社会承认的拼命努力，我的第一个反应又是一种困惑不解的蔑视，但是随后肯定就会有一种难为情的负疚感：对于我，这些都太容易得到了，轻而易举我就能跨上我的高头大马！在这种高傲和良心不安的混杂情感中，最终变得清晰起来的是一种愤怒的信念：问题就在于创造一个新社会，这个社会里没有人需要过五关斩六将，才能登上一种非理性的高人一等的感觉所规定的位置，这个社会里所有人都会有足够的东西，不必是那么多的东西，但足够就行，也没有人可以高人一等。到了那样一个社会里，艾琳阿姨就是东西少一点也会满意了。

同时我也感到震撼，她那么做，自己把自己拖进更加悲惨难堪的境地。所有会让她受到蔑视的场合，她都不会放过。不是去乞求人做那些规定的维修，就是到牛奶店去赊账。这种自我毁灭的行为你不得不去制止。一个人这样摧毁自己的生活，你是不能不管的。当我后来在党的意识形态文件里看到这一段的时候，我就认识到这是真理。

那么是否我真的能制止她呢？我不相信她有仇恨人的能力，不过在这种情况下她还是会做点大胆的尝试——在她把所有的仇恨都转过来对准她自己之前。她需要的不仅仅是她的复仇，她也需要她得到的蔑视。她需要可以展示人们是怎么蔑视她的东西。艾琳阿姨教会我知道，世界上有的是没什么任务却无谓而死的烈士：他们想都没有想过要为了某些比他们自己更大的东西去牺牲，而是完全满足于展示自己胸膛上中的箭，能把人们的同情舔进自己的身体。她从来不会明白，人怎么可以为了一件事情的缘故，就能把自己置于毫无边际的仇恨之下。她从来不会明白，人怎么会为了一种共同的历史，就让自己成为献祭的牺牲品，这种历史带有越来越大的痛楚和苦闷，要求一个人献出自己的生命，为了让其他的人能继续生活下去。

译注：

    艾琳（Elin）是本小说系列之三《蔑视》的女主角，在其他几部中也多次出现，以作者自己的母亲为原型。

你干吗推开我呀？哦，老天爷！我没看见他，幸亏是你眼快帮我看见了。不过这个疯子几乎还是要把我们给撞倒了。还有这个高高举着警棍追他的警察。他妈的，那家伙挨了一棍子。我恶心得要吐了。有很多画面在我的脑子里闪过。他们拖走的那个家伙嘴里还流血呢！真他妈的。

不，这个场景引发出来的不是什么记忆。这是一个事件，要比你能记忆起来的东西更加能成立，有大多了的确实性。我感觉到，这在我讲的事情里也有重大的意义。

要从人的肤色、衣着还有气候来判断，那是在南非的什么地方。我是在一种瓦解的现实中奔跑。感觉好像是我参加了一个正被警察驱散的示威游行队伍。我几乎不太可能是认真投入进去的。合理地说，我是自己都莫名其妙就被拖进了这个事件，感觉像是这个事件本身就对我提出了

28

要求。就好像被扔进那些排水沟里的标语牌，还有拖拽在奔逃的人后面的旗帜，都表示它们在我未来的生活里做了抵押。标语牌上的文字，什么"非洲回来"，还有"把你的声音借给我们"等等，都指向了我未来的生活。就好像刚才的团结和整齐的游行步伐比我自己都了解我。

我在非洲做什么？我和非洲有什么关系？我怀疑，在阿尔维克县的乡下老家，收藏过一堆非洲的奖牌，有斑马条纹的盾牌，生锈了的长矛，还有风干了的头颅——这些都是我们家族参加过殖民罪恶的证据。在这种情况下，我到非洲旅行就是为了赎罪的。不过，也许还有一种想法让我心里痒痒的，是想到了一种黑皮肤的、汗津津发亮的淫荡。我想到一种皮肤的知识，能知道我们自身包含的那种黑暗的深度。也许，是我得到了一笔奖学金，正在一所南非的大学学院里学习。

不过，现在一切都是歇斯底里一片混乱，就像人们用高速放映一部影片时的那种情况。那些奔逃的人慌慌张张横冲直闯，都来不及找到自己的路，因为急不择路互相撞在一起。有一个警察在追一个年轻人，另外两个警察在前面截住这个逃跑的小伙子，在五十米的距离里他们做了一次成功的夹击演习，把他给抓住了，这一切都发生在不到一眨眼的工夫。然后，两个警察站在那里用警棍把这个可怜的年轻人打得皮开肉绽，而第三个警察把两只胳膊交叉在胸前等在旁边，还对着这场好戏咧嘴大笑。现在我看见了：他们把这个黑人都砸得穿过地面了，就像打桩机把一个木桩砸到了地底下。他们要他求饶，可他死不求饶。现在几乎就看不见这家伙了。他就这么给活埋了！我什么都不顾了，冲上去抓住了一个正在继续打的警察的胳膊。他们突然慢慢转过身来对着我，这时候他们的脸上都露着鄙夷的表情，这让我真的非常吃惊。一个白人！一个我们的人！他们把我也暴打了一顿，又把我拖进了一辆汽车。他们的仇恨只能换来我的鄙视。不过就在挨打的时候，我也看到了他们的贫穷。是他们自己把自己的所有价值都抢空了。而那个黑人倒把那些价值接过去了。不过，这个场景本身还说明了更多的事情。我也突然看到，强大的经济力量如何都集中在这两个高举着警棍打人的警察身上，我也看到那群旁观的白人和第三个警察一样咧嘴大笑。

好像有人伸出了手来保护我，是一个外交部派到这里的大叔，也许是个商务专员，或者是有特别任务的人，谁知道呢？他可以把我从后果更严重的境地里拯救出来，但是，我对警察施暴的干预，同时会给他自己带来丢掉职位的危险。他被宣布为不受欢迎的人。我免掉了坐牢，但是和他一起离开了这个国家，他们还宣称禁止我的脚再踏上这个国家的土地。

当我在警察的押送下到了飞机场的时候，又出了什么事情——不，这也不是什么记忆，更像是一种预言，固定在了我以后的某一年里。我们的汽车被翻倒在地如山一样的一大堆水果箱子挡住了，然后有几个黑人就朝我们奔跑过来。不过这不是什么伏击，有一个年轻人把脸贴在窗玻璃上，看了我几秒钟，用嘴唇做出一个双方理解的形状。然后他们就都跑走了，比来的时候还跑得快。这也就是三秒或者四秒钟的工夫，几乎不可能更长了，却包含了一种结盟，在我后来的一生中我都会忠诚地坚守。

我突然看到了，暴力并不仅仅是一种用警棍毒打、开枪射击和监狱关押的形式，暴力也可以是结构性的暴行。在南非看到的白人资本主义的事情，也帮助我看到了在我们国内发生的事情。

我认为，在非洲的经验，以一种有决定意义的方式，扩大了我的眼界。在我的内心，回响着有着挪威口音的那些词句："你有一种责任，这种责任是没有边界的。"过去，这句话只不过是对你挑战的格言，并没有什么感性的意味。现在就感觉这句话像是打在我肩膀上的警棍，还有我舌头上的血腥味，是的，就像是我嘴里有了那个被活活闷死在地里的人和那块泥土的味道。这种责任是添加了仇恨的味道的。就是在我被驱逐出境的那一刹那，我就完全投身政治了。不过，要是说从那时开始，我就是左派了，那还是不对的。在时间上，我对国际事务的参与，肯定比我参与党的政策事务要早。

我的问题肯定是其他人并没有看到和我一样的事情。所以要紧的是发展一种演说艺术，能对很多人有感召力，能迫使他们去看到。而且是在一种正义的力量中去看，这种正义会像我的正义一样去恨。这关系到转动几圈镜头焦距，直到现实变得非常清晰，以致我们能看到，第三世界受到的压迫在我们自己的日常生活里也会出现。这也关系到让事情的轮廓清晰鲜明，于是就会很简单，就会有必要处理。确实有些人从来不原谅我，就因为我让镜头焦距多转了几圈。

我有没有告诉你，这次事件成了我一生的转折点？这意味着这次事件在媒体上一次又一次地有人重复，在电视上都要被放滥了，还在学校里都被磨损到看不见了。不管怎么说吧，我注意到，**你**早就知道这个事件了。在我要讲的这样一种故事里面，是要求有一个转折的。这事件是否真发生过，我不知道。我知道的一切就是它需要重复，需要有买主。

其实我自己也并不是我的生活的卖主。

但是，在别人的生活里，我也有一份啊。

那些词语是从哪里来的？这些词语就这么放进了我嘴里。好像它们和那帮法国人有什么关系，那帮法国人倚靠在奶酪柜台上，一边用手指拨弄着那些干奶酪和羊奶酪，一边商议着买哪种奶酪，买哪种葡萄酒，谁来付钱买什么等等。让我自己惊讶的是，我注意到我能听懂他们说的每一个词，尽管他们说话很快，还有一大堆奇特的绕来绕去的小词。不过，我为什么如此讨厌他们呢？还没等一句话说完，我就能听出他们要说什么了，我能预见到他们会做什么手势，我能认得出那些眼色表情是什么意思。我被他们的估价弄得真的非常痛苦，虽然这些估价他们几乎还没来得及说出来。真是奇怪。当然，我是得到了你的感官的帮助，不过这种理解还是我自己的。

就在同时，那种暴烈的情欲就像火焰烧进了我的大腿根。这他妈的都是什么名堂啊？我肯定是在法国受过什么教育的，这点是肯定无疑的。要不然，我就根本不会精通这些爱吃奶酪的人的语言和思路。是不是因此我在瑞典就成了一只"外国鸟"？——这个判决就在这个商场里外绕着我旋转。不过，那种情欲呢？这该怎么解释呢？

咖啡的香气让我突然头昏目眩。要让一个死人醉倒，真不需要很多咖啡香气，这个你肯定知道。只要微微一点欲望的气息，就足够让你耳朵里嗡嗡鸣响，让你的骨头里隐隐作痛。

不过，正是咖啡的香气让这些图画变得清楚了。要不是你正好在我身边，还偷偷瞧你购物袋里的东西，也许这种情况就不会发生了。没错，肯定是你帮忙，把这些图画展现在我的眼前。

我是住在阁楼上的那一层，那里总是让人闻到灰尘和咖啡的味道，还有受尽了折磨的巴黎绿荫。在我前面站着一个苗条而又情绪紧张的女人，脸上的微笑一定会让新闻检查官剪掉。我不知道她叫什么名字，不过我们就暂且叫她丹妮丝吧。她刚把房门从里面反锁好，用了两重的锁锁好。然后她就把钥匙从开着的窗口扔出去了。我听见钥匙穿越窗外的树梢，当啷一声掉在停在外面的一辆汽车车顶上。她紧贴我站着，解开我衬衣的扣子。之前我们还来不及互相亲吻，不过她现在已经踮起脚尖凑上来了。

我做了一个动作，想关上窗户，但是她拦住了我，几乎是咄咄逼人的样子：

——"就让窗子开着吧。我们的情欲也属于其他人的。"

——"我的小资啊，"她一边松开我的皮带，一边补充说，"你是不是那种做爱还要拉上窗帘的人哪？现在该你给我脱了！"

我和丹妮丝锁在房间里三个星期。那是整整三个星期的情欲，还有托洛茨基的书和冷掉的咖啡。我们俩没有人从床上爬起来过，甚至都不想去上那个总是不停嘶嘶作响的厕所。在床底下有一个尿壶——按惯例那也就够了。我们的生活是一堆乱糟糟且污迹越来越多的床单，还有越来越僵硬的革命学说。墙壁上贴的墙纸，是一张红色血管脉动的网络图。通过窗户传来的车水马龙的喧嚣，也被我们耳朵里的雷声淹没。

在我们的初次狂喜之后，她还是爬起来过，小心地用什么橡皮水管装置把身上冲洗干净了。不过她很快又回来了，又进入新一轮的抚爱：

"我不是防备你，而是防备资产阶级社会和他们的陷阱。我必须要把力量省下来，投入革命的工作。"

过了几天之后，她最终还是放弃了每次喷射之后都要去做的冲洗，而是在我筋疲力尽的身体里开始了革命：有人把一块破旧的红旗缠在我的头上，哥萨克人在我的胸膛里的一个宽大楼梯上骑着马冲下来，把女人和孩子驱赶在前面，而那些马克思主义的价值观在我每一条肌肉纤维里都找到了它们的道路——所有这些都是在持续不断的做爱行动中完成的。到了最后，她都不让我抽出她的身体。她要把我已经疲惫不堪的小蜗牛夹紧在她的身体里，直到我又能膨胀勃起，一次又一次膨胀勃起，日夜不停，直到一切都成为情欲和疼痛的混合。于是她说，我们现在已经是同一个生命体，同一个瘦削的身体，带有两个疙疙瘩瘩的脊椎，随着对未来的期待而震动。也许，在她身体里开始膨胀勃起的，也在我的身体里同样生长膨胀勃起，正好一样多。一个人的身体已经和另一个人的身体如此完整地融为一体，以至于都不能说哪个身体是谁的身体了。我们能互相看穿对方的思想。而这就是未来社会的一小部分。

——"相信我，"她喃喃地说，舌头还深深插在我的嘴里，"马克思都已经预见到这个了。"

在每一次拥抱之后，她都把我进一步推进到左翼的意识形态里。在一次次极乐狂喜和政治课程之间，我也饮下

36

了她的仇恨，一种对所有等级制度、所有荣誉奖章、所有法国式的盛典都红了眼睛的仇恨。有一个军乐队在下面的林荫道边演奏的时候，她甚至把装满了我们的夜晚爱情的尿壶也从窗口扔了下去。于是下面就沉寂了几分钟，然后就有咚咚的脚步声从楼梯上传来，还有人拼命敲打各个房间的门。我都不知道这一切都是怎么结束的。我唯一还能肯定的是，就是这种无休止的情欲，就是冷掉的咖啡，还有坚硬起来的革命教条。有一天她用指甲在我的前额上刻出了什么字，然后像打了胜仗一样，举起一面小镜子让我自己看。我能读出的字是法语的**"平等"**（ÈGALITÈ）。她居然能反向地刻写出镜子里的文字。

——"你必须教会你自己去仇恨。要不然你就永远改变不了世界。"

就好像我需要学会去仇恨那些和我有不同意见的人。

我们有很长时间都没吃什么东西了，只咕嘟咕嘟地灌下很多咖啡，有点奇怪的是那个咖啡壶里的咖啡好像总是喝不完的。我们就继续合为一体躺着，日以继夜，脸色越来越苍白，越来越感到发烧。我用精液充满她的身体，而她的发苦的价值观念流回到我的身体——它们会停留在我的身体里面，而我都不知不觉，没有注意到，直到后来它们在不同的政治情境中出人意外地燃烧起来。有时，外面走廊里的门铃声会响起，有时会听到有一张纸从大门底下的门缝里塞进来。但是我们也不起床。我们停留在互相的身体里。在血管构成的红色网络里，在暴力的脉动里。而且也是在越来越坚硬的价值观网络里。

我开始发狂了，不停地呓语。我成了女巫希尔格的囚犯，现在只会想她的飘飘然的想法。当我用手指摸着多日都没有刮胡子的脸颊，我能感觉到它们现在深陷到了什么程度。牙齿上也有了一层粗糙的牙垢。我的精神和肉体都已经孱弱不堪。几乎我过去的所有一切，都被这个好色的女巫给吸干了，相反，她的饥饿的思想方式流进了我的身体，在我的血管里和脑细胞里蚀刻出了新的流动模式。我正在消失！

有一天，我肯定明白了，那扇开着的窗户确确实实是开着的。很有可能，我是趁着她有些片刻睡着的时候，成功地抓起我的裤子，光着脚从窗户爬出去，爬过房顶溜走了。雨水落在我的赤背上，那是非常清楚的。

我人是溜走了。不过，我将来是再也不会自由了。

译注：

女巫希尔格（Kirke，拉丁语 Circe）是古希腊神话中的女巫。

一个有才华的年轻人，获得过最好的学校教育，又毫不羞愧地压下了他本来并不情愿地接受的私人红色课程，现在试图用不同的眼睛来看这个社会，他会做什么？你还没来得及张嘴，我就知道你的回答了：他当然去做一个年长的具备正经价值观的大师的徒弟，去掌握政治职业的所有秘密。自然如此。

你肯定听说过有关魔术师的徒弟的故事，那个传奇的故事讲的是那位极有天赋的年轻人，在一个已经到了风烛残年的老魔术师那里得到一份工作。那个老魔术师变戏法已经手脚不灵了，所以人们都能看得见那些球是怎么偷偷被换掉的，还能窥伺到他那个脏兮兮的外套下面藏着的兔子耳朵，这个年轻人也暗暗嘲笑这个老头子。这个当徒弟的自己很快掌握了这门手艺，知道是怎么回事情了，他在自己住的小阁楼里独自发明了一种完全不同的手法。很快他就已经秘密地成了一个光彩夺目的艺术大师。很自然的，他就没耐心了——因为还是徒弟，师傅不允许他独自上台表演自己的魔术，只能站在他可怜的老师旁边当助手。

于是，有一天，那个老魔术师出门不在家的时候，这个徒弟就安排了一场自己的表演，这场表演的时候，都没有一点点兔子尾巴露馅，而且锯子也真的从箱子里那个女人的肚肠部位锯过去了。可观众一点都不欣赏，不着迷。相反非常冷淡，甚至是充满了敌意的。有几个年轻的观众还大叫着："尽管你想骗我们，可我们还是知道你是怎么弄的。你真不够意思，不让我们也跟你一起玩儿。"

老魔术师提早回来了，很明显有人通风报信，告诉他出门的时候家里出了什么事情，那个学徒就想，最好还是先发制人。他不仅告诉了师傅自己临时搞的表演，还试图教他的师傅怎么骗人的艺术。他一点不留情面地指出了师父的手脚笨拙，还责骂师傅太不关心艺术上的完美。这种松懈大意的后果，事实上就是使得受到怠慢的观众不再能够欣赏一种完美的表演。

也许那个学徒还曾经指望，师傅会对他大发雷霆——只要他能把这个老头子好好摇晃摇晃就好了，那么他也许就能让老头子看到理由了。可老人的反应正好相反，他把手放在徒弟的肩膀上说：

——"我亲爱的年轻朋友啊，你可不明白，这个地方的人可是非常直率的，直率到他们就愿意看看事情从头到尾怎么发生的。我练了好多好多年，就是要练这种恰到好处的手脚笨拙的样子，学会了我怎么样让我的外套露点馅儿，还正好不多也不少，学会了让他们看到我袖口里的东西，也得正好不多也不少。那些毛孩子跟着我的每个动作转，可乐呵着呢；那些成年人呢，互相用胳膊肘顶来顶去的，嘴里还发出像猪一样的呼噜呼噜的声音。他们真的就参加了表演啊。在这里，就是孩子也有权利做主啊。要是我不那么笨手笨脚，我不就让他们全都放在表演之外了吗？总有一天，你也要接我的班，可你要学的还很多很多哪。至今为止，你学到的还只是完美啊。"

没错，你一定已经明白了吧，那个有天才的小学徒就是站在你面前的这个人啊。于是我就当上了首相的政治秘书，这个意思就是我什么都得做，从跑腿送信的差事，到写演讲稿。那个时候我还不到二十五岁。在这种工作的背景里，我还必须在某个瑞典大学学点课，同时要有青年团成员的资历，合理地看，我也应该当过社会民主青年团的主席，有机会去培养在这个国家的里里外外的种种关系，总有一天这种关系都会用得上的。

最好我就从老魔术师教训他徒弟的那个时刻开始，那也是不错的。这也是在我身上打下烙印的时机之一。我也难以提出反对意见，那是我甚至都不能回击的情况。它们简直就是你不能忍受的。它们总是固定在我的皮肤里了。

于是他就抓住我的肩膀，我每个肩膀上都落下一个熊掌一样巨大的手掌。他带着探究考察的目光看着我，要把我看穿，当然什么臭大粪也没看到。于是他就说：

——"你的演讲稿里还真的有很多恶龙的牙齿可以咬人呢。我对你还不真正理解。我他妈的就是搞不懂，为什么你有时候那么野蛮残暴。在我们这个国家，我们是不搞这种类型的辩论的。我们在这里是建立共识，建立共同的价值。如果我们在反对党那里看到一个缺口，我们是不会利用它乘虚而入的。我们有意地让我们的论点有点笨拙，也直截了当。我们知道，我们的选民不信任那种恶毒攻击别人的口才。我们还知道，恶龙的牙齿得到的收获会是怒火和报应。这样的播种在我们这个国家是不合适的。我不知道，有时是什么进入了你内心。要是你在我这里这样继续下去，我就不能留你了。"

我自然非常恼火，但是又不能发作。他说的什么恶龙的牙齿，其实不过就是我尖锐地表达出来的观察而已，是揭示反对党的不诚实，逻辑上的弯弯绕和翻筋斗，以及花言巧语的狡猾。首相肯定也和我一样看到了这些。不管怎么说，我努力让他的半睁半闭的眼睛去看到这些。不过他假装什么都没看见，带着国父身份的那种睁一只眼闭一只眼的安然平静。他看起来好像相信，反对党在根本上是和我们的想法一样的。对了，他相信的还不止这些呢；他实际上还相信我们的对手是诚实的！我简直要气疯了，可只能沉默一句话都不说。我要保持低调，暂且如此。从他的观点来看，他对我不管怎么样还是不同寻常很有耐心的呢。我们两个人是太不一样了，一个就好像磨损迟钝的铲子，一个是干草燃烧起来的大火。不过，他的确比一个父亲还要更宽容。不管怎么样，我是他的接班人哪。

可惜的是，从另一个角度看，那个陈旧的恶龙播种的画面还是有道理的，那是我痛苦地体验到了的。你刺人一下，人家报复你十下。你的挖苦人的风趣妙语，唤起的是一辈子的仇恨。总有一天，我会引发出一个，如成群恶龙扑闪翅膀鼻息喷射怒火般的风暴。不过，这要等到没人管我，我可以自由自在想说什么就说什么的时候。

那些年的首相是一个瑞典的化身，一个让人放心感到安全的、正直廉洁不可贿赂的人物，穿着肩上有吊裤带的裤子，说话还很有心计地保留着地方口音。我一辈子都不会记住他的面孔，甚至连他的名字都记不住。我能记得的就是他坐着的样子——那是一个瑞典统治者坐的样子，既亲切得体，但又威严无情：就像古斯塔夫·瓦萨，一个来自古代的屁股宽大的国王，牙齿倒都残缺了，脾气暴躁，铁面无私。不过，最要紧的是，他坐的样子可以让所有持不同意见的人都闭嘴，要有分量，两个膝盖可以毫不羞耻地叉开，上身要不耐烦地向前倾斜，做出一点颇有讽刺意味的专注的样子，可以顺着那个呈上了一份根据不足的报告的官员的脊梁骨发送出一点令人胆战心惊的感觉，只有靠多拍点马屁才能溜之大吉。然而，落在你身上的那种蓝色的目光，出人意料又是无助无力的，这里我就来到了统治者受到的悲剧性的限制了。他会难以看到我，向我伸过来的手，本想和我握手却握不到，在离开我的手五六公分的地方就伸不过来了。在那个要做决策的级别上，就没有什么个人的面孔，没有可以分辨出来的声音，甚至在这堆人里都找不到一只手。我听埃利克讲过，"统治者的权力既无所弗届又无所可届。"他还带着一点笑容补充说："正是在这个地方，官僚制度就乘虚而入了。"

　　是我帮助首相看见东西，成了他的耳目。在那段时间里，我还有感官能力，可以分辨出面部表情上的焦虑和衣着上对共识的呼吁。没错，那个时候我自己还能看见，还有能力帮助两眼一抹黑地盲目摸索的统治者在我们叫做现实的混沌中找到路。但是不允许我帮他们说话，我的意思是真正的发言。

我就像一个过去曾有过的那种宫廷里的御用诗人。统治者需要我的笔，但是我必须善于想统治者之所想，最好是想那些统治者最愿意想但是他妈的他们自己又难以想得出的想法。我用如此杰出的句式来发展了党的方针政策，以至于派给我任务的老板看到自己的思想王国和语言艺术这么富裕都大为惊奇。但是我没有耐心就干这种大为成功但是根据别人的订单来做的工作。我要的是明显地更加迅速地前进。我要的是使用更强硬的手段，让我们能把无论如何也是好心好意的梦想转变成现实。那时候我还一点都不知道，在前面等着我的是仇恨。

也就是那些年，我们在瑞典创建了现代福利社会。蓝图是宏大的，但是细节却是很投机的，内在的关联是未知的——没人知道某层楼会不会有一天导致另一层楼坍塌。不过，靠着老式的瑞典人的谨慎，我们还是照样继续干下去。我们当然不会把森林里的最后一棵树都放倒，也不会把拉辕的马折腾到筋疲力尽。这也拦不住很多人现在已经开始怨气冲天了。瑞典老百姓早就习惯了抱怨。不过，我们的自己人已经不再抱怨了。

我注意到，刚才我说到我将来遇到的仇恨的时候，你是不以为然的：现在人人到了下午都不再记得昨天晚上在哪里过夜了，在这失忆的时代，那些对我心怀仇恨的人，他们怎么还能同时保留得住这种感情呢？当人人都不再记得自己的孩子的时候，怎么还能够让自己对一个陌生人的攻击持久永存？可你没想到吧，仇恨本身其实就是非常强大的记忆啊。那种居住在你手掌神经里的仇恨，那种扎根在你视网膜细胞里的仇恨，那种在你内脏里咕咕噜噜转来转去的仇恨，那种能决定你呼吸节奏的仇恨，那种仇恨是会记忆的啊。它会认识要恨的东西，尽管在你的良心上没有保留一点痕迹。仇恨能记住我。还会等待它进攻我的时机。它知道，它和我的故事是有关联的。

　　我对这个题目还是知道不少的，因为我自己也有一定的能力，我不想说这是仇恨的能力，而是说我也能气愤，会怨恨，自然也没有达到人家对我的仇恨那样的高度，那是高得像纪念碑了。也许我告诉过你了，是这个食品商场在为我记忆，在全部事件发生的过程中，我们都被迫走向一个我们看不见的目标，但是我想也是我们有理由去害怕的目标，正是这个全部事件发生的过程把正确的图像放进了我的头脑里，是同样的理所当然的图像，就好像他们也是记忆。也许我这么说过，以它的方式看也是真的。不过，我还是禁不住看到，这些和记忆一样的图像里如何添加上了攻击性的内容。它们包括了很多插曲，其中总有人在反对我，在我的路上设置障碍，拆我的台，踩我脆弱的脚趾头，寻找我的弱点，或者用其他的方法惹我生气，让我难过。这些痕迹都依然还在，尽管记忆已经放弃了。

在仇恨的小火花里，你就会记得。要是我没有一个伤疤，总能在你眼前活生生地保持那个教训人的时刻，那么我就无法告诉你我给那个老魔术师当学徒时的生活。

我说到了什么地方？是说到我当首相助手的那个时候吧。自然而然的，到了最后，我就写不出别的人要做的报告了。当首相手里握着我写的讲稿站在讲坛上的时候，我就跟随他嘴唇的蠕动，坐在旁边和他一起嘟嘟哝哝。但是，我越来越受到痛苦的折磨。**那个地方**本来应该有一个突然升高的声调啊。而**那个地方**本来应该有一个轻快的连奏，再跟上一个断奏，就好像他在寻找词汇，不管那个巨大的反对派好像在考虑什么，这些词都能用得上。一切都被拙劣地弄糟了。应该让听众容光焕发的高潮，变成了一个国父突然像泄气皮球的低潮。而这个演讲自然是一次巨大的成功。从来没有人想到去仇恨演讲者。不过那里也没有任何东西让人因为这样的场面而眼花缭乱。那还不是我的好时候。

演说的艺术将会是我的长项——我想对于这点我是心里有数的。但是，我的真正力量叫做范妮。我们在一起的日子是我这一生最宝贵的一段生活，是我一而再、再而三地有意返回去的生活，不论白天还是黑夜，这就好像面对一个患了重病的亲人，你都不敢让他在同一位置上躺着超过四小时。也许那就是我的办法，使我能够保留住和范妮在一起的那些年月。至少，是保持了那些年月的精华。

有一句很没分寸的伤人的话，也能帮助我找回已经刮得很干净的记忆。有一个出版界的人，直到说那句话之前也还算是我最好的朋友之一，有一天对我这么说：

——"要是你和一个人民的女人结婚，今天的瑞典就会看起来大不一样了。"

我永远不会原谅他说的这些话。这不光是很伤人的，也是他妈的非常不公正的。就好像范妮也被那种对她自己阶级的仇恨驱使着，成了某些上流社会的叛徒，果断地把我保留在原教旨主义的教条中。他不理解。大体上说，我不认为任何人会理解。

范妮和我心心相印，我们可以在互相的内心里思考。是的，我们事实上可以想对方之所想。但是，过去我当然从来没告诉过任何人。那种事情只会鼓励人去造成更多的神话，弄出什么圣人的传说。到头来，这也还是成了什么圣人的传说，我也没办法拦住。

我们第一次见面是在一个比较大型的宴会上，范妮和我斜对着坐。这还是我给首相当秘书前的事情。带着良心不安的感觉说吧，在政治上我还是生活在一个模糊不清的无人地带，经常还被我在法国当爱情囚徒的时候塞进我头脑的那些政治公式折磨着。

我一直都在注意她，但也没用目光去直视。我就是不敢那么做——我太激动了。我的身体变得滚烫，我的耳朵里在鸣叫。这不是一般的一见钟情。这更像是一种疯狂的情绪在我的内心里爆炸升腾。我有点羞愧，因为我在心里抑制不住要脱掉她衣服的欲望。而且我在想象她也心甘情愿。然后，我从我的眼角看到她的脸色变得越来越通红。

真的，都红到了她的脖子根。突然，她站起来，身体倾过桌子，搧了我一个耳光。这肯定引起了一阵骚乱，但是我什么都没有注意到。除了她，我什么都看不见。

她碰了我。

我感觉到她对这种上流社会的宴会是嫌恶的，我能强烈地感到她和我一样也被负疚感折磨着，对于自己属于有特权的阶级，总有一种时闪时现的、有的时候还会狂热燃烧起来的良心不安。我会想，那你会做什么呢。于是我就在我的大脑里听到她清晰的表示理所当然的声调：

——"我当然是社会民主党。而且我觉得你也将会成为社会民主党。我自然也注意到了，你被人往左翼猛推了一下——是被那种红色的女巫推了一下，那是你附带着地收下的。不过，我想这个我是会克服的。"

我惊讶地盯着她看。她能知道我心里想什么，能记得住我记的事情，对啊，她连我将来走什么道路都知道——而我连她叫什么名字都不知道呢。

——"我叫范妮"。我听见她的声音，这回不是在我的大脑里的声音。这声音下沉到了我的胸口，在那里搜寻什么。这个姑娘并不像我最初想的那样腼腆。这是有关节操的问题。对她来说，我还没成人呢。

范妮一直坐在那里把脸转向别的地方，假装在听旁边的人闲扯。不过，她出人意外地突然转身对着我，带着一点挑逗的笑容说：

——"我们不是要走吗？"

我已经爱上了这个声音，尽管我到那时为止只听到几个字。

我们同时站了起来。

只不过几个星期之后，我们就在奥斯卡大教堂举办了婚礼并走了出来。在台阶上，人们按照传统习惯将大把的米粒抛向空中，米粒像雨点一样落在我们身上，而我的战友们把剑举在我们的头顶上。我没告诉你吗，我那个时候还是骑兵部队的预备役军官？

一个完全不可思议的爱情传奇就是这样开始的。我们可能是一个模子里铸造出来的，只不过因为性别而做了一点调整。在这种情况下，我敢肯定她是在我后面铸造出来的。因为我们的造物主对第一次铸造的产品检验下来有点不满意，所以对模具仔细地做了一点这样那样的修正。

我们可以用我们的思想互相对话。我们可以坐在房间的两端，带着严肃的表情，在各自的内心里对话，同时还做鬼脸，还哈哈大笑。在更远的距离外，我们的思想的对谈会转变成咆哮。在这商场里面，不管我怎么努力，我都再也听不出她的声音了。

范妮成了一个同事，而且非常可靠，无人可以匹敌。要是我说是她帮助准备那些演讲，这话都显得太苍白无力了。当我起草我的讲稿的时候，我都区分不出，哪些是我自己的想出来的，哪些是她直接填加到我的脑子里的。这并不是说她在提示我驱使我，虽然她愿意的话自然可以那么做。她并不想扮演那种角色。她只是在听，听我要走到哪里去，我在摸索哪些论点和理由，而我自己还不能看得很清楚——那时她就会温和地帮我遣词造句，表达她能感到的在我心里开始成熟起来的想法。她并不塑造我；她是生下了我。

不过，这并不涉及到我演讲里的狂热和对人的抨击。那是在那个时刻的热度里我自己添加进去的。或者更准确地说吧：那是当我开始进入兴奋狂热手舞足蹈的动作的时候，我的演讲本身添加出来的，让我成了克利夫第二，一个我还不认识的人。

正像你注意到的，这是另外一种方式，不同于我们一般的带点冷淡地窥探互相头脑里的东西的方式。头骨必须一直敞开让人看得见里面——这毕竟是我党的信条之一；你要是没有什么可以隐瞒的，当然就没有什么可害怕的。但是，范妮和我的思想交流跟这种思想监控或者说考虑周到的思想指导没有任何关系。阅读另一方头脑里的思想也不会伴随刚才那种声音，这是你知道的，就像你用开罐头的器具打开一罐沙丁鱼罐头盖子时的声音。不会的，恰恰相反：那是一种非常小心谨慎的倾听，她要努力搞明白我自己还没能想清楚但是开始成熟起来的思想。

对于我具有一种历史使命，范妮是坚信不疑的。她愿意帮助我看到那些呼唤我去解决的问题，她愿意把我身上和这一任务相关联的资源开发出来。就在她的微笑里，我看到，她还不认为我已经真正成熟，能胜任这项工作。她也正是因此而爱我。不过，她确实想做的，是引发出我身上潜在的力量，这种力量，正如她说的，是这个脱了节的世界一直在寻找在呼唤的。

所有这些她都不用说。我能读出她心里的话，就像她能读出我的。尽管她的阅读要敏感得多了。

我想，是面对亨利克的死亡的时候，我才认识到了，我的世界和她的世界是怎么联系起来的。我不记得了，我是否跟你谈起过亨利克。他比我大两三岁，是从我们这个家庭出走不归的人。不过，他是母亲的宠儿——他的姓氏是跟着母亲的姓氏，姓安克尔，这也并非偶然。我想，自从他在城里的所有学校都毕不了业之后，他就在一个什么仓库里干活。

现在他躺在市南医院的隔离室里。医生要试试给他做一个手术，切除他的肿瘤，尽管这会冒极大的风险。他的头发都已经剃光了，从他前额上伸出来两个玻璃管就像两只动物的角。

——"我看你的时候是有叠影的，"他说，"你看上去真他妈的太好玩了。"

要我坐在床边看着他，这我实在是受不了的。我走到窗前站着，范妮沉默着站在我背后，把一只手搭在我的肩膀上。我眺望着外面的斯德哥尔摩城——我看到的是亨利克的城市，两个斯德哥尔摩，就在一个手掌宽的距离中滑开了。

范妮的世界与我的世界就正是这样的关系——尽管现在已经没什么悲剧了：既是同一个世界，又有两个版本，互相并不能真正重合，的确是分开的，但是又如此相同，如此接近，以至于对其中一个斯德哥尔摩的每一感觉、每一种不祥的猜想，都能在另一个斯德哥尔摩里也清楚地、分明地感觉到。

我在想，就在眼下，我能应付亨利克的死亡吗？

范妮拥抱住我的肩膀。我听见她的声音在我的内心里响起来：——"**我们**应付得了的，**我们**在一起就行。"

在我一直要防止消褪的记忆里，有一个瞬间我们的能力受到了考验。那是电视上直播的一次竞选辩论。我的辩论对手在某些数据上挑刺，给我小鞋穿，也许是我轻率大胆地承诺的我们要达到的就业数字。那也是一个民调数字令人不安的关口，胜负完全就在于这次电视辩论了。我身边没有带上所有的资料——老天爷哪，范妮坐在观众席的最后一排，有我没带的那些资料的手提箱就放在她的膝盖上。对手注意到了，以为他们找到了我的软肋。就在这个时候，我听见范妮在我脑子里复述那些数字。带着一种我努力不要太嘲讽对方的微笑，我可以在把实际数字摊开在桌子上，让我的对手大吃一惊。

要是我没有范妮，瑞典就会变成一个不同的国家吗？肯定如此——不过不是我从前那位朋友所想的那样。而且也没有人因此会原谅我们俩中的一个。

我还活着的时候，最后听到的话就是她的声音。人们把我平放在地上。我在流血。我觉得我的眼睛是睁开的，但是我只看到一片灰色，只有迷雾飘过，无边无沿。这是时候她弯下腰来看看我，带着她的美妙的面容。我注意到了，她的眼泪滴在了我的脸颊上。我在我的嘴唇上感觉到她的嘴唇是紧紧抿着的，好像是抽筋一样。不过，我在我的太阳穴里还是听见了她没有说出来的话，是低声的、抖颤的声音：

——"约翰，亲爱的约翰，留在我身边啊。"

于是我把我活着的最后的话放在她的脑子里：

——"不留在你身边，我还能做什么别的吗？"

译注：

　　克利夫（Kleve）是本小说系列多次出现的一个社会民主党领袖，影射缪道尔，可参见本系列之四《忠诚》。

对啊，你注意到了，我一个字都没有提到孩子。我对我们的孩子一点点记忆都没有了，虽然我明白，他们在我们的生活里起着中心的作用。我甚至不记得他们是男孩子还是女孩子。真是该死，一个人怎么能够把自己的孩子都给忘了呢？我们所有的孩子肯定在我们的每一个思想上都会打上烙印，也会让我们的每种感情都染上颜色，我们怎么竟然会忘记他们呢？

　　这个商场里面影射的事情，我当然都搞明白了。这说明，对很多问题的回答，其实就在我自己身上，掩盖在那些不可触及到的弯曲婉转的事情后面，掩盖在模糊不清的不断衍生出来的枝杈后面。是不是这也意味着很大一部分责任呢？甚至还有很多嘀嘀咕咕的声音谈到什么失忆的部门。当人们谈起这个话题的时候，我就有一种揪心的负疚感。真奇怪。

失忆并非是瑞典独有的现象，这点是很清楚的。这个问题涉及到范围没有边际的大崩溃，而有关这个话题，在这个国家里，我和其他人可以告诉你的，也只不过是一种肯定涉及到我们时代所有人的大事情的蓝黄色瑞典国旗的变奏。换句话说，这涉及到的事情范围非常大，远远超出了一个单独的部门所能碰到的问题。刚才影射的事情其实也是非常有限的，只不过是微不足道的一点参与，可以追查到某个负责的内阁大臣的头上。不过这也够糟糕的了。也有人怀疑我，说我在某种形式上也卷入了这件事情。而且我显然也是有口难辩。

现在让我们清醒地想一想吧。如果对于我们周围的人和事件的清理开始达到让人不安的规模，那么我们会做些什么呢？我们自然要设立某个调查机构。谁来负责呢？你立刻就会想到，这样一个敏感的任务，应该交给一个坚定不移而且忠诚正直的掌权者，比如埃利克·克尔维尔。调查的名目会是什么呢？当然，应该针对我们这个时代越来越大的失忆问题，摸索可能的处理办法，防止出事，至少是推迟出事的时间。但是，让我深感不安的是，调查可能会有比较狭窄的目标，是的，甚至就只抓住我们从这种威慑人的发展中可以得到的短期的好处。这个调查，也许就可能叫做什么"针对限定上下文的社会观的措施"。

我可以活生生地想象到的是，调查完成的这一天，早晨九点整的钟声敲响的时候，带点腼腆但又骄傲的埃利克把报告交上来。几乎不太可能是我来接收报告。合理地推断的话，我会到下午才接见他。我可以想到，在那个时候我会用突然的动作来感谢他。我会把他的手紧紧握在我的两只手里，握很久很久。他看着我，带着有点不太有把握的笑容，然后说：

——"什么调查？"

我自然会变得很生气，抽回了我的手，也许还会挥起拳头要揍他，就像我们小时候那样。就像我对你说过的，有人捉弄我的时候我就会发火，就控制不住自己了，而眼下这个讽刺，还是来自我老朋友那边的，是完全出乎我的意料的，不该落到我头上的。不过，这时我看到了他的蓝色的无辜的眼睛眨巴着，薄薄的嘴皮也蠕动着，都在吃惊地问一个问题：

——"什么调查？"

这个家伙是否得了比较轻的脑溢血？或者是出了什么问题？我克制了自己几秒钟，然后那种冰冷的认识就钻进了我的心里：调查失忆的埃利克原来成了我们国务院里第一个失忆的受害者。这真是太合乎逻辑了。就好像研究放射线活动的先驱们自己就先被放射线烧掉了手指。这是应该意料到的事情。不过，那个时候我们谁都还没把这种现象叫做"失忆"。

我尝试搞搞清楚，对于这项调查的指示是怎么发出去怎么执行的。对这样的历史我们自然一点都不反对。起码我们不是想剥夺所有人的记忆。我认为恰恰相反——就以我自己的背景来看——历史课是我在上学的时候最感兴趣的课程。

不，我们攻击的肯定是什么完全不同的事情。在你的眼睛里扎根针，这当然是保守派把历史变成一个堡垒的方式，为的是保卫他们的特权，可以从过去出发来定义当下的问题，决定他们的方向和路线，同时还从侧面看看，他们如何弯来绕去地就成功地到达了这里。这样利用历史的方式，阻挡我们为了大众的利益要创造的一切。我们的对手，拿出一些老掉牙的风俗习惯和被虫蛀坏了法典，想要阻止对我们这个社会的必要的改造。天哪，法律和规定不是为了社会的最大利益而订的吗？如果它们能给我们提供这项任务所要求的得心应手的一套法则，那不是应该天天更新，甚至是每小时都更新吗？

我们肯定体会到了这种必要性，有必要去打断那种保守的过去，这样才能够实现我们伟大的共同的梦想，一个为大多数无产者建立的此时此地的天堂。

对于这项调查以及随后做的改革我已经什么都记不得了。但是我还是敢断言，我们是好意的，也只是要把阻挡我们事业的障碍清除掉而已。而现在呢，不管怎么说，没有了我们的煽动，一个更大的清除工作也在进行中。

正如你知道的，一切结果都糟糕透了。过去的历史到了眼下只不过是一团白雾向前滚动，紧跟着我们的脚跟，可以迅速地填满我们的谈话。不管你怎么折腾自己，你都记不住几个小时之前的事情了。不管你怎么绞尽脑汁挖空心思，你都不能把你所爱的人和你珍视的东西从这堆白雾里提取出来了。没错，甚至你害怕的事情，或者你不巧得罪了的人，你都记不住了。没有了对发生过的事情的把握，那么我们对当下发生的事情也就无法有个全面的看法，眼下正发生的事情把我们抛进一个不可知的世界，也许是一个灾难性的结局。

我们当然不要所有这种事情发生。我可以肯定地说，我们对这种事情也不承担任何罪责。我们正巧在比我们强大得多的力量把我们拖着跟它们走的时候，也朝那个方向上做了一点动作。

但是，肯定有一个关键时刻，我洞察到了这种危险，感觉就像有一种冰凉沿着我的脊梁骨在爬，同时，又还没有做出任何冒险的决定：

——"什么调查？"

还有那对蓝眼睛。

问题是，如果你只有坏的预感，没有更多的想法可以参考，那你如何停止你开动的政治事件的发生过程。我在什么地方读到过，有一个人逃命逃进了一个花园里，那里正举办什么宴会，他看见要杀他的凶手们也进来了，拨开人群朝他冲过来。他可以大声叫喊，告诉人们将要发生的事情，这样就可以救自己的命。但是，要是提高嗓门，引起公众的注意，而这个时候追他的人又迅速地、毫不让人觉察地悄悄溜走了，把他留在一堆觉得好玩的人群里，人们哈哈大笑嘲讽他的多心多疑，那不是也会成为一大丑闻吗？所以他什么也没做，没喊叫，就让事情那么发生了。

在这个人身上我看到我自己的影子。我很可能让这个过程也就那么进行下去了，先发文件征求意见，然后汇总讨论等等，然后就把埃利克派到一个比较安静的部门去，让他到那里去找回自己。到底是哪个部的问题，我是最近才搞明白的，当时我听到一个管收发的官员称呼来客"教授"，我感觉有一种很老的仇恨在我心里膨胀起来。我肯定有一段时间是当过了教育大臣的，承担所谓分管中小学和大学的事务的责任。这个属于记忆、印记、历史和知识

62

调查的部门，在有些年里差不多是我个人经营的领地，就和狗靠洒上自己的尿来圈定自己的领地一样。

崩溃的规模太巨大了。在这种情况下，我们投入的力量只是皮毛而已，不过我还是有了很大的麻烦，那种麻烦的程度就好像我们是要承担罪责的。我们不应该利用这个情况，而是采取措施对付威胁我们所有人的事情。

市场当然要承担一种完全不同的责任。你可以责怪我们说，我们做的反应是太天真太大意了，但你不能说我们是被更加强大的利益利用了，从侧翼把我们包围了。对他们来说，这就是生意，而历史是没有什么商业价值的——记忆是一种免费的商品，甚至都没有什么专利。相反，在你把和以前一样的事情作为新的必要的事情推销出来的时候，一个依然活着的过去就会造成某种损害，某种阻碍。没错，甚至还更糟糕：历史提供了比较的可能性，会使得选民变得更加不满更有意见。在我们大家背后的东西，很可能就是一片白色的虚无，所有的面孔、家用电器、经验和意见等等，只要来得及卖掉的，立即都在这白色虚无中被吞噬了。我们周围的人和事物，不再像过去那样，先等到其生存已经完成的时候才消除掉，而是在他们没有什么经济利益的时候就消除掉了。一个政治家，就在他的褪色发白的竞选演说正进行中的时候，就突然消失了；一个流行歌手，在他突然过时的那首歌还没唱完的时候，就像一朵花一样凋谢了，看不见了；一个曾经备受称赞的画家，就在他带着灵感举起画笔，涂上一幅相当独特的画布上的那个时刻，自己就被橡皮擦掉了。就在我的嘴唇上还带着我爱人的嘴唇吻过的余温的时候，我已经忘记了这个我爱的人。我们失去的这些人，对我和对你来说都可能是必不可少的，但是，当市场对他们不再有什么兴趣的时候，他们就消失不见了。

我怕我把事情简单化了。我厌恶市场，一点也不反对让市场出头承担罪责，但是我必须承认，市场的那边有巨大的力量，不管是我们热爱的还是厌恶的，不管是我们崇敬的还是害怕的，这种力量都可以把它们除掉，毫不在乎那到底是什么，在它们还活生生的时候就把它们全部都除掉了。然而，这些力量到底是什么力量，在我再也记不住什么事情的时候，我也无法搞清楚。就像湿疹一样麻烦我的是，我出于我们自己的短视的利益，可能帮助打开了泄洪的水闸，而不是提出什么动议，建筑新的拦洪的水坝。我感到的奇痒，告诉我曾经有过那种时刻，我们可以停止这种失忆，或者至少推迟它，而不是无意中玩弄了失忆。这种想法我一直挥之不去，从来无法摆脱。

最该死的是，当我们全都失去了记忆，当所有的线索都已经不见，当所有的寻找到和解或者至少是保护自己的可能性全都消失的时候——还是有人是永远不会忘记的：那些会仇恨的人，白天黑夜都在仇恨，从来不给他们的仇恨任何被那些力量擦掉的机会，虽然那些力量能让其他的一切都凋零消失。仇恨是非常巨大的记忆。在没人还能记住什么东西的时候，只有仇恨还有记忆。有一种巨大的毫不留情的仇恨，紧盯着我，从来不会让我逃出它的眼睛。

译注：

　　埃利克·克尔维尔（Erik Kervell）是本小说系列第一部《失忆》中出现的主持某项调查的政府官员。

真滑稽。在卖花的那个摊子上的那个收音机，肯定也开着有很长一段时间了，可我是直到你让我注意的时候我才听见它的广播的。没错，广播的正是我的声音。那是不是一个纪念节目——这类节目早没有了吧？不管怎么说，他们重播了我的讲话录音。显然那是一次政治演说。那些话本身我都不太明白什么意思了，不过，加强的声调，还有夸张的保证和许诺，都表明是这类的演说。我注意到，在我意识到收音机里是我的声音之前，我脸上的肌腱就绷紧了，上下颚也开始为我做准备工作了。

　　——"煽动家！"

　　冲着我来的这些话，肯定是很多很多年前的事了，不过依然还有一种伤人的力量。我知道：有人把我叫做心怀恶意的煽动家，会把问题的细微之处都擦掉，让群众在痛苦和不解的情绪里跟着我走。没错，我注意到了，你难以明白我在说什么。今天已经没人敢对我这么下判决了。但是，这个"煽动家"的标签曾经一度贴在我头上，还有些标签的残余至今还在，会让我恼火。

其实我那个时候追求的，当然是要提高政治生活的温度，为那些具体问题提供一种新的清晰性。我要获得一种充满热情的辩论状态，在这种状态里，不会允许我们的陈旧的让人手里汗津津的那种相互理解来模糊所有事情的轮廓：那种让人昏昏欲睡的瑞典人的温和中庸应该结束了，我们需要一种更加强烈的极端化。同时，我也努力想把握住一种更加直接的、更刺痛人的演说语言。要是问我在当骑兵的那段时间里学会了什么的话，那就是我学会了有话直说，不拐弯抹角。教授们说的那种也许啊可能啊等等，在我这里就免了吧。我的演讲要像是用马鞭不耐烦地抽打马靴的声音：啪！啪！

不过，"煽动家"？这个词真是很刺痛人的。我在这个不公正的标签的残余里，本应该读出点什么东西。

对了，我还可以分辨出那种情况。感觉那好像是在一个天气恶劣的冬天的晚上，在斯德哥尔摩的一个风很大的露天场地。这里正进行一场很大的示威集会，我在最后一刻掌握了指挥权——他妈的，总不能让我们的左边再出现一个大党吧！上万的年轻人举着标语牌、横幅甚至还有人推着儿童车在这里聚集起来，参加这次好像部分是针对政府政策的示威，不过最主要的示威目标是针对外国的。我一辈子都不会搞清楚那是针对什么问题的，但是看起来好像我正在指挥那些会冒风险的力量放过我们而转向外国目标，同时我也在利用他们达到更重要的目标，而不仅仅是去砸这一个或那一个外国大使馆的窗玻璃。汹涌的人流热气腾腾，像漩涡转动，而火炬摆来摆去着，人们的面孔放弃了自己的特点，为的是去接收其他面孔散发的热量。这是一个严肃的事情：未来就要在这里突破了。

突然，连拍电视的人也没有机会再保持那种讽刺意义的距离了。用这种媒体你是什么都能做得到的——在你还能控制它的时候——而我有全部的理由害怕电视。拍电视的人其实比我们还左，他们会抓住每个机会来和我作对。比如说吧，他们可以从一种荒诞的非常低的角度来拍我，这样一来就可以给我的观点带来居高临下的特点。他们还可以把镜头聚焦对准一个白色的紧握的拳头，用以暗示和暴露我提出的建议里的抽搐和痉挛的东西。或者就在我因为热血沸腾而踮起脚尖的时刻，他们就把镜头停留在我的鞋子上，借此指出我是多么无奈，急于要达到我的任务需要的高度。用这样一些小花样，拍电视的人就可以让观众得到一种感觉，可以洞察演讲者的五脏六腑。我的听众就会变得对我非常嘲讽，扭动着摆脱我的掌握。我就无法带动听众，让他们跟我一步步登上必然性的结论。我站在一个很滑稽的延长了的距离之外，看上去就像一个小学生手里拿了张考试作弊的条子被揭露了出来。

但是，在那天的伟大时刻，拍电视的人没有哪怕一点点机会来制造这种酸溜溜的距离，而且不仅如此：他们甚至也没做什么努力去找这种距离。这次是一个那种非常少有的时刻，在那种时刻里，历史本身，或者我更想说的是世界精神本身，都可以在这些溶解的面孔和拉紧的火炬光芒之中被看见。连拍电视的人都是眼睛含着泪水，满怀敬意地拍下了这次事件的全过程。

演讲最初的几分钟，我还是跟着我在示威开始前几分钟匆忙写下的讲稿念的。但是，随后我就和这个无名的人群里飘荡着的所有迷失方向的希望有了联系，抓住了他们不愿明说又咄咄逼人的所有梦想，那些梦想没有轮廓，就像围绕这些梦想初创者的白色蒸汽云雾。于是我就感觉我自己在上升起来。我投入了那种我过去从来没尝试过的措辞，感觉我自己的眼睛都湿润了。也许，我是踮起脚尖站着的——要是那样的话，这次也没有电视摄像机出卖我，把我的脚偷拍下来。无论如何，我上升到了雄辩的高度，口若悬河滔滔不绝，这种口才是过去我自己都不知道我能掌握的。于是我让年轻人都站到了我这一边。他们开始跟着我的措辞频频点头。现在我成了又一个克利夫；敏捷、凶险、绝不妥协。

我注意到，我们，那些年轻人和我，如何在这个晚上一起制定了法律。这本来就是修辞的第一个任务：要搞清楚什么是有效的。真正的口才可以决定哪些问题是可以提出来讨论的，又不让你的耳朵里因为羞耻而发热。真正的口才也可以决定哪些不同的选择是允许被考虑的。是的，它甚至可以决定在交换意见的时候用哪些词语就足够了。就在这几分钟里，这些年轻人和我在一起，把正式的公开的辩论的很大部分给砍掉了，都是些肮脏的部分，是身体里还有体面的人都不会再希望碰到和听到的那些部分。而且，这种良好的修辞去掉了那种瑞典人优柔寡断的习性，那种无论如何也得做的事情还要来来回回一再斟酌的脾气。真正的口才可以结束那些毫无意义的辩论。

然而，这不仅仅是一个法律的问题，而且也是一个传道的问题。雄辩的修辞突然打开演讲者本来没有预见到的可能性。出乎意料地，通向伊甸园的门打开了一条缝。人们的欢呼雀跃表明你赢得了什么，甚至让听众升级到了跺脚喝彩的程度。那个时候，我就抓起我面前的文件，把它们笔直地扔向了天空。我高喊着，我们要互相告诉对方的话是不需要什么讲稿的。我们会看到，我们一起构筑的未来今天晚上要在这里突破，任何来自昨天的词语都无法抓住这个新的未来，它就是在此时此刻在我们中间形成的。

听到我的这些话，人们就沸腾起来了。

不过，千万也别忘了，好口才还有一个任务——要把发生的事情提高到个人的事情之上。它应该擦掉用于个人利益的字眼。这里不会再看到那种附带了个人主义考虑的东西，那只会污染我们的神圣目标。我的话提出了对人人都非常重要的事情的核心，也给人们的欢呼带来了表示正义的红色调子。我穿过一层又一层清晰思想的层面上升，直到我成为一个有着大大超过我自己力量的人，这力量要创造我们的新世界。我们一起到达了一个高度，在这里所有细小琐碎的事情都要让位给那些伟大的必要的决定，与此同时群众中的每张面孔，他们的面孔或者我的面孔，在一瞬间也都变得清晰而精确，就像一个古老的青铜雕塑上的一样。我的演讲谈到的是比我们所有人都大的问题，但是我讲话同时也是针对每个人的，能进入每个人的内心。这是我作为政治家一生以来第一次感到我不孤立。人们的欢呼让这个冬天的夜晚都很温暖。

我自然不记得我当时说了什么话了，更不记得谈的是哪些具体问题，不过我可以料想，很可能是提到什么"超级大国的暴行"、"军火工业的复杂性"和"腐败的反对派"等等概念。很明显的是，我肯定谈到了变革，正是这个题目让我赢得了听众，让他们跟着我走。在纸上写的讲稿，那个我一开始拿在手上的讲稿，不是后来真正演讲的内容，那只是一种笨拙的尝试，要把我的真正**演讲**引诱出来，你要愿意的话，也完全可以把它看作一连串请神招魂的咒语。是在我感到衣服里的温暖的时候，那些真正的词汇才成功地进入了我原来计划讲的话里。就因为我越来越激动，这些词就源源不断不知是从哪里冒了出来。就是这个时候我把讲稿扔到半空中，做了一个我之前根本没有想到的演讲。但是，其实不是我在掌握演讲——是这个演讲在掌握我。是这个演讲把我说出来，说出我的焕然一新的思想，有一种我只在我身上瞥见的攻击性，闪电般迅速的措辞是我自己过去根本找不到的，不过，也有我平时清醒状态的时候从来不会让它们通过我嘴唇说出的话，侮辱人的话，下流话和骂人话。这个演讲说出的是一个不为人知的克利夫，既让我惊恐，但也让我快乐。在一个互相理解的瑞典，突然间有长长的黑色的裂缝横穿而过。

在这个小时里我就成了我们的国家最让人痛恨的人。是啊，让人痛恨到了"我的国家"这些字都有了奇怪的硫磺的臭味。于是，我就朝我的丑恶的血腥的死亡大大前进了一步。

你一定在电视上看到过一些那种透明的瞬间，尽管你全都忘记了——还有那一次，绝对也想不到的，当我站在我的词汇的巅峰之上，我是和什么样的力量建立了联系。电视上从来没有放过的是我从那种欢天喜地的高度上是怎么倒栽下来跌入深渊的。我的苦闷肯定是太大了，所以有人劝我去找医生救治。就好像对于清晰的看法也有办法治疗似的。

　　在这些看穿一切的黑色时刻，我能明白的当然是我在这个食品商场里成了囚犯，其实我早就已经是了，也将会永远是。我的国际性的使命，我在大选期间在全国各地的旅行，还有我在国务院里工作的那些日子——所有这些都只不过是错觉和幻想，不过是过眼烟云，不过是临时性的事情纯属偶然。到了最后，真正的场景还是横穿过了这些临时即兴的舞台造型出现了。实际上我一直是在这个食品商场里，被这个商场锁在里面。正好就是斯德哥尔摩东岛区的这个富人们的食品商场成了我们经济结构的化身——权力的低俗你就可见一斑了！

不过，这些黑色的时刻之一明显比其他时刻的时间更长，也更深。显然也是它引起了人们的背后议论，而且很奇怪，能在这个商场里让人记得那么牢，说的是我有一段时间确实被送进医院去治疗了。**这个**当然就是闲话，不过我的抑郁当然并非闲话。我甚至相信，我可以把这样一个比较深的黑暗时期和我最有伤害性的一段经历联系起来。

那可能是在我的办公室里。或者那个可怜的女人是在某个火车站抓住了我的胳膊，或者是我和范妮有一两次独自出去吃饭的时候，那个女人走到了我们的桌子前面。不过，那是一个临时性的场景，在哪里其实都是一回事。不管怎么样，和那个女人的相遇给我留下很深的烙印。而一个烙印能在这年的其他事情都早已消失很久以后还能告诉你它的故事。

那个女人来找我是有充足理由的。那是一个受伤惨重的人，就我所知，让一根天堂的支柱横穿过了她的胸膛。她的绝望，不用说任何话就能让我感觉到了，就好像这绝望也就扎在我自己的软腭或者膈肌里。但是，当我抖颤着想去搞明白这是怎么回事情的时候，我注意到我抓住的只是空气，其他什么都没有。我不能分辨出她的面孔，甚至不明白她叫什么名字。我的周围是一片群众的窃窃私语的声音，我不能从中分辨出她撕心裂肺的求告中的哪怕是一个字，甚至一个音节。我靠近她，要听明白她到底说的是什么。这时我就听见什么东西被撞倒的声音，还有一点点很小很小的叫喊声。然后就只有一片寂静，就什么都听不见了。

　　我感到恐怖，也明白了我肯定很久以前就已经明白了的事情。我已经不再能分辨出一个单独的人了，也不能分辨出一件单独的事情或者一种特殊的情况。就像我曾经帮助过的首相，帮他在日常的现实生活中调整自己，我也已经有了远距离看问题的方式，总是在策略性的路线中考虑问题，已经不再能理解某个单独的个人的喊叫和呼吁了。而当我不管怎么样还想去靠近这个人的时候，我想帮助的人反而被我撞倒了。完全没错，在我们这个国家，我们立了法，不许内阁大臣们干涉具体事务。不过，很少有人会想到，在这种禁令里面蕴含了什么样的悲剧。

　　我站在那里发呆。要是我移动脚步，就有踩到一些这种小人物的危险，因为我已经看不见他们了。在我的脚周围，我能听见他们被撞倒被踩踏的声音，还有痛苦绝望的尖叫，但是我根本就不能分辨出是什么东西在我的脚下粉碎了。因为我的每个观察，每个举动，其实都是掌握在无数勤奋却又没有眼光的学徒们的手里。近视的官僚们只接受他们认为值得接受的信息，只做出他们诚实的私心启发出来的决定。然后，就有一张纸塞到我的眼皮底下，我就要正式决定一个我从来没有什么接触的人的命运。难怪人们很瞧不起我们搞政治的人。让人惊讶的是，人们并不因此仇视我们更多的政治家。

这是地狱里的一个权力圈子，由政治家们、商业大亨和市场其他力量里的精英们平均分配——这包括大企业的总裁，他们和内阁大员们一样，个人的特点越少越好：对于他们来说，个人就是统计出来的平均数字而已。我们都一样被囚禁在这个总在讨价还价而又令人孤独的冰凉空间里。

但是，也许你会想，我为什么不打破这个空间冲出去呢？不管怎么说，这个食品商场还有很多门啊。你难道就没想到，我其实尝试过吗？有时候，当压力降得更低，我又一次感到我在流血，我就到大门那边去试着开门，用身体用力去压门，就好像身体都在门上抹平了。可是没有一点用。外面根本就什么都不存在！在这扇门上的坚韧不屈的玻璃上有微微摇晃不定的反光，像镜子一样把那张老旧

77

的酸楚的笑脸送还给我，不过又减弱了，就像一个股东大会。一个没有底的眼睛。好像将要发生的一切其实都已经发生过了。而这个眼睛是按照赢得胜利的资本的条件去看的——或者按它们的条件闭上了不看。

但是你反驳我说，你不是刚从外面进来看我的吗？怎么会没有外面呢？我不知道你是谁，但是你是和我们不一样的那种人。你不受同样法律的管束。你是从**外面**来的。要是你推这个门，那它肯定会打开的，会让你出去，进入某一种规范里。但是你不能带我出去，就像你不能根据我们的条件留在这里面一样。我们属于不同的世界。我的世界肯定会让你比看你自己的世界更加清楚。不过，你不能在这里停留太久。在这个权力圈子里，这个权力已经阳痿的圈子里，你不过是个访问者而已。

有一个我们这个时代的伟大作家——我当然记不得他的名字了——他曾经描述过那个小官吏如何体验到权力的灰色宫殿和正义的破烂厅堂，其实就是充满秘密而又让人不可接近的现实。那是每个细节都非常确实的描述，不过就它的全面概括的内容来说，又是逃避现实的。我愿意讲一个完全不同的故事，要从这个权力宫殿的**里面**去讲，讲权力如何无能如何阳痿。我讲的是一个可怜虫，他能看到创造中的大的路线，也有一定的资源，能在一个宏观的水平上执行他的意图，或者至少是他那种人的意图——不过，他却不能在分散开的地理中分辨出一条街道，一个有灯光点亮的窗户，或者一张困惑的脸。不幸的是，通过失忆，这个故事就有了一个新的章节。这个伟大的角度现在是在一个白色的子虚乌有的地方开始，又继续进入了一个同样的白色的子虚乌有的地方。方向和内容两方面它都已经失去了，但是又被很多的决定填满。这就是权力的晚期的王国。

抓住个人特性和个人声音的困难自然也在我和对手的关系上留下了标记。我不能把握一种信念里的真谛，或者在一种反对意见里抓住真正不安的颤栗。我看到的只是不同的策略，还有通过这些策略说出来的利益冲突。不过，还有比这更糟糕的。因为我听不见个人的声音，只能把握这种声音把自己出卖的腐败情况，就很容易给它贴上一张让人看不起的标签，或者给出一个充满蔑视的诊断。我已经看不见我的困惑的对手受伤的表情。当我把他的反对意见在我鞋跟下碾碎的时候，我也听不见他伤心的呜咽，而这种意见也许是牵涉到他个人的。人们谈论到这种唇枪舌剑的火热，就好像你能看到对手大汗淋漓的面孔，还被恐怖和痛苦扭曲着。但是，这种近距离肉搏已经都是历史了。就像轰炸机能做到的那样，我能在同样冰冷的远距离外就把我的敌人打倒在地。我的攻击性没有受到那种面对面近战所产生的障碍的影响。

而敌对会产生仇恨，这你当然知道。要是在搞政治这门手艺里，我早先能多听听年迈的师傅的话就好了，那个笨手笨脚的老魔术师有幸生活在笨手笨脚的好年月。

要说到完美的变魔术，我是很成功的。我不仅让我的选民们的每一张单独的面孔都看不见了，而且让我的无关紧要的对手也出人意外地化身到仇恨的怪物形状里去了，一大堆扭曲的面孔正在接管我的故事。最可怕的是我没有能预见到它。而我的年迈的师傅是预见到的。

每个人都会找到**自己的**地狱。在这一点上，我们可能全都有一种确实无误的直觉。不过，这个地狱已经找到我了。就像我的伟大演说之一找到过我。

我有没有说过，这是一个权力的圈子？不过，在这个抽象的地狱里，我是在一个自己的真空里出没，在这个真空里面甚至连光都沾染上了仇恨。我可以在旁边路过的人脸上读到仇恨。当我活动的时候，我可以在空气里面感受到仇恨，它就像什么粗糙的东西。我可以闻到仇恨，就像闻到来自卖鱼的柜台和腌鱼桶散发出来的臭气。就好像整个食品商场，包括它的砖墙，它的各个货摊的木柱，乃至嘈杂的人声和外衣，都在仇恨我，而且仇恨了那么久，以至于这里面每样东西都变黑了。自然啦，就在我们谈话的时候，这种仇恨其实也一直在这里存在，不过，是到了此时此刻，当我讲述的故事已经深入到了这种地步，它才在我们的前景里强占了一个地方。

我走过去的时候，那些面孔都会绷紧，那些迅速的目光都会互相交换，加强各自的不妥协性，那些脊背也都转向我，尽管他们几乎没有什么时间来得及看到我是谁，所有这些痛苦都飘浮在空气里，就像一个很老式的车厢里弥漫的香烟气息——等一下，我们肯定已经谈到上世纪七十年代早期了。到了这个阶段，我很可能已经是首相了。我肯定在尝试着建设那些年里我们需要建设的东西，而且我能在看来显而易见的和必要的东西里分辨出到底什么是我们需要的，能够引起如此的反应。我应该能在那种仇恨中读到这个。

不论是什么，我都记不住了，但我想我们全都有一种感觉，老老实实地说就是六十年代确实是一个好时代，算得上到那时为止最好的时代，是没有人受冻没有人挨饿的时代，是大家都有生活保障而且也没有人生病的时代。我们可以互相串门，互相搬到对方的家里住，真的，我们可以进入互相的内心，有一度我们可以大松一口气。不过，然后就到了有新政策的时候。什么规规矩矩的社会主义化是谈不上了。我们太狡猾了，不会把整个行政管理的麻烦事都堆到我们自己头上，包括把发明财富、各种倡议和风险资本等等都国有化。不会开动整个官僚机器，就为了生产一包钉子！它涉及的事情自然就是**把握住**生产的手段和人的意识，而又不要去**拥有**一大堆烟囱和灰色的小厂房。

而且毫无疑问，还要像狮王分肉，总是分享到收益里最大的那一部分。但是，就在那个阶段，我们已经遇到了令人痛苦的抵抗。

我们肯定费了很大力气去创造那样一种情况，就是说在那种情况下，当那些更有钱的人的裤子被扒掉的时候，他们都承担不起发出抱怨的代价。中产阶级的下层，小老百姓，自然已经是我们的人了。而大资本家，那时在我们国家只是一小撮，是非常小的阶级，我们和他们是在一种体面的合作关系中共同生活。最要紧的事情就是能打破那个职业化的中产阶级的背，而让他们还不敢抱怨。在细小的层面上是这样：把不断的通货膨胀和征税级别上的强劲增长结合起来，可以在短时间内在那些工资丰厚的人的存在中挖一个洞。在一个要求更高的层面上则是这样：在价值上不停地通货膨胀，在道德要求上要急速增加，就会使得这个阶层的人闭嘴，而蓝领阶层的总工会和白领阶层的雇主协会都会要求分享越来越多的阳光和公正。我认为我们成功了。人们咬牙切齿，眼睛也都绿了，但是他们也足够知趣，会保持沉默。而我们就一点一点地接收过来，不仅是在非物质方面，也是在物质方面。

是在二十世纪七十年代早期，强大的社会开始发展，四面开花，深入到了所有领域。它与资本结合，也打入了

83

媒体和教育系统，打入了肠胃和肾脏，没错，还打入了人民的理念和梦想。而我们的对手不仅在道德上显得暧昧不明——这在他们身上已经看得到，所以他们自己开始为他们无聊的价值观念而感到羞耻了。

在资产阶级当政的那几年里，公共部门继续增加也是相当自然的——不管怎么说，我们其实是为同一个上帝服务的。对，要是你难以想象在掌权的人里面我还当什么反对党，这个我可以理解。但是我知道，事实上这种情况出现过。有好几年，我能从骨子里头感觉到一种对我个人的侮辱。我不适合处在一个反对党的位置——感觉像是一个外交官，因为有一些无聊的习惯，就被放在待分派工作的名单上。不过，事实上这种政治风向的暂时改变并没有任何意义。资产阶级是在有些人慌不择路的绝望中上台执政，这些人是在《北欧家用手册》里学了点操纵帆船的皮毛，却偏偏上了一条操纵技术要求很高的船，又遇到风强浪大的天气，于是在慌张紧急的情况下，只好拼命按照他们想象中有正经资格的船员们会做的样子去应付。没错，他们事实上有一种感觉，觉得我们就是那种"有正经资格的"船员，是在连社会发展也停下来去休假的时候，他们自己多多少少开个玩笑一样去掌了舵。

我们才是负有历史任务的人。这一点连我们的对手都

84

知道。

　　不过，有一天这条船肯定是碎裂了。我也不知道具体发生了什么事情。会不会是整个新近发财的社会阶层都加入了农民们的示威行列，而我们动用了军队来对付这种示威？或者，会不会是学术界也出来搞了一次全国性的大罢工，而我们置之不顾，直到他们的罢工资金全都用完了，我们再利用法律和警察来回击，强迫他们回到他们自己的讲台、诊所和法庭去？或者，是整个上层贵族们都试图移民出去，不过在边境上又被壮实的工会的人堵住？我不记得了。不过我想我知道，我们打败中产阶级，也用不同的精心周到的方法接管了对于气候和习惯的控制，还没让人注意到。我们还为自己创造了一种体面的洞察力，能看到人体内的五脏六腑和意识，最后进展到了那种地步，以至于只有正确的思想才**可以**思想。我想，在路过环保运动的时候，我们还剪掉了他们的尾巴。这些吃素的人事实上不得不再耐心等待一个世纪左右。在涉及到发展和福利问题的时候，不论对我们还是对发展中国家，赌注实在是太大了，就是为了让我们能够有条件承受得住他们过早成熟的要求。

　　在这船破裂的那天，我可能做了我在紧急情况下通常会做的事情——去找老工人马丁·弗雷德，坐在他的厨房里一边喝啤酒一边谈谈这个情况。我从小就认识那个皱纹满面的老建筑工人；他住在城北的一个只有一室一厅的公寓里，和埃利克是一栋房子。以后我会谈到他的。在马丁说话的声音里，也集中了整个工人运动的声音，那是真正的工人运动，不是后来的那个没什么能力的工人运动。不过，我不认为他的忠告我都照办了。

在我想到那些年月的时候，在我眼前展开的是斯德哥尔摩的冰天雪地的景象，还有沉默不语地站立着的群众，他们全身都裹得严严实实的，嘴里呼出的都是白汽，还跺着脚，为了在这清新平稳的来自左翼的风中保持着温暖。他们中间很多人都穿着风衣，还有四十年代的那种四四方方的滑冰帽。所有人的观点都忠实地朝同一个方向刮。同时能听到一种尖锐刺耳的声音，不真的像是风向标。这更像是很多人都在磨他们的牙齿，又不敢让他们的嘴唇暴露出他们的态度。正是这种沉默的意见，就是连他们自己都几乎不敢承认他们会出卖你的观点。就是一个代表国家的党粉碎了你，你还是不能仇恨它。幸运的是还有一条替罪羊可以交出来，一个发出嘲笑的羊叫声的替罪羊。也就是在那里，在外边的冰天雪地里，在瑟瑟发抖的过礼拜的群众中间，我的死亡已经开始了。

不在乎那个尖锐刺耳的声音的话，就只有正确的思想还在思想。而且也只有正确的行动是可能的。我们审视了每个可以决策的组织、公司董事会和市政委员会，是的，甚至审视了每个公民脑子里的脑浆。你不要误解我。这不是什么控制和操纵。这是要照顾好人民。你可不能任意不管他们，让他们毁掉自己的生活。但是，我自己的悲哀低声地对我耳语着说，当我们还以为是我们在指挥这场演出的时候，其实我们从来看不见谁真的举着乐器。

译注：

　　马丁·弗雷德（Martin Frede）是本小说系列之四《忠诚》的男主角。

现在你可不能认为我总是咄咄逼人、火星四溅的，一会儿是演讲者兴致大发如痴如狂，一会儿又是斗士投入为建设福利社会的艰苦战斗，这个社会是从痛苦呻吟、又有负疚感的中产阶级的背脊上的皮里一片片割出来的。不，在我的周围并不总是有战斗硝烟的味道，并不总是仇恨包围着我。我敢肯定，在我的朋友圈子和同事圈子里，也有很轻松的时刻，他们知道我是个热情而且对人很仔细周到的人。是一个会倾听他们的声音，让他们说出自己的不安，会担心他们身上那些自然很不合理的工作负担，接受他们的不同意见，是的，甚至对反对的意见我也报之以微笑。

　　这种事情可能是发生在一次下午喝咖啡时的谈话中，或者也许是在一次职工宴会上，和国务院办公室的某位女士彬彬有礼地跳一圈舞的时候。但是，要说到底是什么会

88

在好同事的圈子里特别带来一种那样热情温暖和开放投契的氛围，那当然就是大自然了。我能在我下巴的肌肉和全身的关节里感觉到，要想放松同事们的紧张的神经，搞一次到郊外去的野餐会意味着什么。我能在我所有的激动起来的神经末梢上感觉到，什么样的树林，什么样的清风，还有什么样的湖水，会意味着给人什么样的慰藉。

你可以非常自然地想象一个美好的六月的日子。我带了整个国务院办公室的人到著名的斯德哥尔摩郊外的群岛那边去野餐。我们租了一艘改装过的旧蒸汽船，是那种宽大的旧帆船，是你一跨过上船的踏板，一闻到客舱里厚绒布上散发出的积聚百年的牛肉加啤酒加香烟的气味，就能感到心旷神怡、呼吸得更加平稳的那种船。我们驾船到了一个充满初夏气息的岛上，在草地上野餐。温和的天光几乎全凝聚在桦树林的上空，凭闪闪烁烁的白色斑点就可以分辨成一张张人的面孔。有那么一个瞬间，我和那些单独具体的人的现实非常接近。

我们是坐在一片被如白色泡沫般盛开的花簇包围着的草坡上，那可能是樱桃花，也可能是野李子树的花。一片刀叉响动声中，切开的很可能是那种塞满肉类美味的家乡馅饼。有一个头发开始灰白的科员开始吹奏长笛——感觉是他生活打开了新一页——给眼前的风景罩上了一种古老

89

的田园气息。我感觉到一种精美的味道——可能是康波兰肉酱的香味吧——还感觉到有些东西在牙齿之间倒腾，好像是美味的酸黄瓜。这时候有一个姑娘突然伤心地大哭大叫，夸张得像是讽刺画。她只不过忘记了带矿泉水。我坐在那里和其他人一样束手无策不知道该怎么帮忙，眼睛都呆看着手里捏着的盛满红葡萄酒的塑料酒杯。酒杯边缘都沾满了我的嘴唇留下的肉汁和油渍，最上面还有一两颗盐粒的闪光，这些细节现在突然都变得出乎意料地清晰。我正好口渴得要死，正好要喝水，莫名其妙地口渴。这肯定也是我在感觉到其他人的口渴，所以是几十倍的口渴，非常让人恼怒的口渴，还因为一种困惑而加深了的口渴，而且是无可救药的口渴。

我心不在焉地在草地上擦手，但是又用力地抓着地抽回来。我的手指间夹带上了泥土。于是我看到有一股泉水就在草地中间喷了出来，起先还混杂着泥沙的水，然后就变成了晶莹清冽的水流。它那么突然地汩汩而来，就好像出血一样。我还没来得及挪动，屁股下面的裤子就湿了。其他人赶紧充满希望地冲上来，那个曾经为了自己的失忆而伤心喊叫的姑娘已经灌满了自己的杯子，举着杯子四处奔跑欢呼胜利。另一个姑娘拥抱我，温柔地说：

"你真是圣约翰，我们永远可以依靠你。"

他们都非常激动，都跑来拍打我的背。好像就没人对造物主的突发奇想表示惊讶。自从自然法则在八十年代初开始瓦解，就没人对非理性的现象大惊小怪了。刚才发生的事情看起来几乎是完全意外的，但是在我身上发生，不过是力量的一次试验，并非是毫无道理的。而我呢，恰恰相反，被一种沉重的心情压倒了。我认识到，我又成了一个圣人传说的中心人物，而这绝对不会是第一次。

像这样的事情是可能发生过的。有一个早晨，我来到国务院，因为整夜都在徒劳无功地努力把政府的看法和总工会的观点调和起来，我的眼睛都熬红了，是谁事实上在领导这个国家！我有点心不在焉地坐在那里，眼睛凝视着天花板发愣，等着我的一些同事们集合起来开一个非正式的会议。我紧咬着牙关：头等大事是要保持党的完整。就在这时我看见有一条裂缝正横穿过天花板，深入到了房顶的中心，沉重的花枝吊灯就开始震动起来。还松脱了！就在我计划任命的教育大臣贝丽特的头顶上。我在一种不屑一顾的动作中举起手，吊灯就停在了空中。其他人都吓得直喘气。贝丽特发现这个危险，惊叫了一声闪到旁边。不过这个时候我才放下了胳膊，吊灯才继续往下掉，而且带着如此巨大的力量砸在地板上，以至于镶嵌地板的一块板子都直竖了起来。贝丽特结结巴巴地感谢了我，自然也一点都不显得特别惊讶。肯定是在这样的插曲发生过之后，我最亲近的圈子里的人才开始叫我圣约翰。

但是，这些奇迹在我周围散布开了庙堂的那种甜得发腻让人恶心的香烛气味，反而让我揪心。圣人的传奇故事会要求一种烈士式的死亡，而每一个这类的传奇插曲都会让这种死亡的结局更加接近。那些瞌睡得呵欠连连的雇佣杀手，眼睛都因为熬夜和报酬丰厚的仇恨而布满了血丝，很快就会在我的视野之外集结起来了。密谋的气氛在我周围变得越来越严重了，还带着比历史的冷酷还要大得多的冷酷。这一个必要性的逻辑的问题，也属于这个神话的一部分。有一种说法——或者也许是一部音乐剧的名字吧？——听起来是这样的："我的死亡就属于我自己"。在这句话里，有一种非常令人不快的胆大妄为、傲慢不羁的口气。我的死亡，其实不会比政府大楼或者首相夏季官邸的划艇更属于我自己。就算我曾经是某一部更宏大戏剧的导演，在目前情况下我自己也失去了导演它的能力，而只是这部戏剧里的一个人物而已。我感觉我无可奈何，一步一步被推向一个烈士的结局。推向一个断头台。

是啊，你开始注意到了，我给你讲述的这些事情，是我自己编的传奇。其实你以前已经听说过了，只不过你都忘记了而已。我可能对你说过的，是这个罐头或者那个罐头在替我保存记忆，或者是差不多的压紧了的其他东西。不过，能记忆的自然还是这个故事本身，是这个我自己都不愿意体会的传奇本身，但是它构成了我不得不告诉你的这些事情的形式，就好像它一度把我的生活也强塞进了它的模式，同样都是冷酷无情的。

我刚才说的话，这些皮肤黝黑的人好像都听见了，真的，甚至还相信我已经被罗马的教皇公开宣布封圣了。他们表露的敬意是让人很麻烦的。别这样，拜托了，你们就饶了我吧！我受不了让人来吻我的手。老天爷啊！你看见了吗，那个印第安人模样的女人用手指摸我的一个伤口，还给自己划十字。我要他们停止这么做的时候，他们完全不明白我的话。这些人彼此之间好像说的是一种乱七八糟的西班牙语。我没办法和他们沟通。人们强迫我充当这种虚假的还有香火味道的角色，我真的非常非常郁闷。

　　不过，这家人里的年纪最大的长者举起了握紧的拳头向我致意，这肯定代表完全不同的意思。另外一个人还唱起了一支歌，可以帮助我的记忆，那是一支鼓舞斗志的革命歌曲。我想我开始明白他们的意思了。他们并不是想来触摸一个圣约翰，好缩短自己和天堂的距离，尽管那个女人刚才的动作还是回到一种比较古老的仪式。他们颂扬的不是一个烈士，而是个自由的英雄，一个人民权力和福利制度的在全世界的代言人。

当我看着这些对我充满信任的、几乎也是含情脉脉的面孔，我明白我对于他们的意义已经远远超过了一个只缩在朝向北极圈的某个角落里的瑞典首相。我必须是一个具有国际性地位的政治家，尽管仇恨阻止我在它暗暗燃烧的文字里读到这一点。我当然支持所有第三世界反对右翼独裁统治的人民革命。我对那些夺取了政权的群众做过很多演说，没错，我很可能还尝试过把整个被忽视的世界集合在我们红色的标志之下。

我回想起来一件事情。我可以感觉我正处在沸腾的人海中心搭起的一个主席台上，坐在台上的一张桌子后面。也许是一个正式的大会正在进行中，不，不是，更可能是一个国际法庭。在这个法庭上，新殖民主义的利益集团正在承担起责任，受到可鄙的缺席审判。在这个桌子的左右两边，我都能瞥见一排排穿着制服的军人。这一定是在中美洲的什么地方，因为我发言用的是西班牙语，之前我自己都不知道我会说西班牙语。我肯定是得到了外交部的帮助，帮我把发言稿事先翻译好了，还纠正了我的口音。当台下的群众倾听着一个来自冰天雪地、黑暗国度的陌生人用他们自己的语言讲到自由、尊严，讲到他们有得到和他们出生的时代完全不同的未来的权利，无论如何，他们中间的欢呼声就没有了止境。

我嘴里怎么有了一点不舒服的味道。就好像是反胃冒上来的酸水。这都是主席台的桌子两边的人身上的肩章和胸前的勋章给我带来的麻烦。支持人民革命反对黑蓝色的右翼独裁政权的人，自然会突然发现自己站在了胜利者的一边，而这些胜利者自己立刻戴上了独裁者的同样徽章。在我的耳边响起了某些诗句，我不知道这些诗句是从哪里来的：

> 这是所有革命前的夜晚
> 今夜这个制度要被接管
> 同样的刀斧要改叫良善

我自然也明白了，事情就是这个样子。不过我还是愿意相信，就这一次将会是不同的情况。没有什么会比革命前的深夜更加美妙了，一个天空如绒布一样柔软而发黑的时刻，而这时你可以轻声细语地商量，一切都是可能的，没有什么是迫不得已的。在胜利的革命的尖厉音符中还要保持这样的时刻是非常有必要的。一般来说，在这样的一种历史情境里，有必要同时考虑到两个层面，在一个层面上，你要从新的或许也是苛刻的日常生活条件出发去做出温和的反应，而在另一个层面上，你要实用，要保留住第一声枪响之前的这个夜晚的微弱星光。起码为了我们与这些新国家的关系，为了我们在他们的圈子里的地位，也有必要这样做。

我向外望着主席台前聚集的群众。在黑暗里我根本也看不清任何个人的具体的面孔，只能看到开锅一样沸腾着的热情。很简单，有这么多人，那就不可能会有错。

当我坐在那里，坐在那个新的大胡子的统治者旁边，我就明白了，在所有这些至此为止并无前途的国家中，现在我出场的是一个什么样的国家。瑞典本来是一个处在世界边缘的小国家，但是在我的领导下，成了一个世界的道德大国。这就是我站在这个讲台上看着眼前这些群众专注地听我的演讲的时候能感受到的。

我们的国家曾经一度也是个大国——这个你以前不知道吧！我知道，因为在我手上有这个伤疤。你闻闻，你就能闻到火药味。这种气味永远不会消失。你看，手指尖也都没有了。这只手可以告诉你的是，小时候我们在阿尔维克的乡下别墅玩过一把旧马枪，结果我们在家里自制的火药就爆炸了。这是一个博物馆的展品，买回来作为一个战争纪念品的，纪念的是我们曾经用铁腕牢牢控制欧洲的那些日子。

不过，我有一种非常确定的感觉，我们又有过一个大国时代，很可能就是我们自己这个世纪的某个时代。我相信，我们还是孩子的时候，都得到过大把的没用的股票，用来剪成玩偶，或者折叠成飞鸟。那些股票很可能是火柴股票，来自瑞典资本曾经在世界不同地方有着举足轻重地位的那个时代。那个时代，如果没有我们瑞典人帮忙，人们甚至都不能在咖啡壶下面点着火的。不过，这种伟大，就像一个漂亮的闪着瑞典国旗金光蓝光的泡沫，有一天就破裂了。那些不值钱的股票都是用非常好的纸张做的，却连当作厕所间的卫生纸用都不行。

现在呢，我们不再生活在一个所谓的伟大只包含在令人难堪的括号里的那个时代了，而是生活在一个真正的大国时代，这是由我们在世界上的道德地位建立起来的——这就是我在拉丁美洲某个地方的沸腾的群众中间搭起来的主席台上能感到的事情。直截了当地说，我们已经成了世界的良心，在不同的争端发生的时候，人们就忐忑不安地期待我们不偏不倚的判决。一会儿是这里有大国的介入，一会儿是那里的多国干涉，这些都逃不过我们雪亮的眼睛，躲不开我们强有力的谴责。我估计，超级大国现在有了相当不同的姿态，比几十年前要收敛多了。我相信，在世界的不同角落的人，面对我在这个国际法庭上说的话，都会感到惧怕。

但是，扮演道德评判家的角色也会有很多风险。当我在这个加勒比海的夜晚对着群众演说的时候，我可以从骨子里感觉到我们的出口工业家们对我的愤怒，他们想象着我在国际上的倡议会导致他们的市场缩减。真是一个非常短视的判断！他们其实本应该相信我，我们的利益长久以来就是交织在一起的。他们本应该理解，从长远来看，道德才是我们最好的推销员。有些工业大亨是没有内向的渠道的，只有外向的渠道。他们身上散发着老式的硫磺工厂的臭气，一种仇恨的臭气。

我突然明白了，这些记忆的图像是从哪里来的。我自己其实也是站在自身之外来看我自己的，和主席台上那些穿军装的人是坐在一起的。不是我在记忆，而是仇恨在记忆我。

但是在所有这些事情之上，是那个神话。它一会儿呼吁我承担共同责任，为了诱使我更深地卷入到它的风险很大的模式中去，一会儿又让来自工商业人士的愤怒得扭曲的面孔，那些像荷兰画家布鲁格尔画的面孔，在这幅图画中强占它们的位置。

在企业家里面也有一些比较聪明的人，他们同意我的看法，认为我们还有更重要的出口商品，比出口纸浆或者汽车都重要得多，那就是我们的不安的良心，那种在我们的儿童时代就落在我们头上的代价很大的负罪感，总有一天还会随我们一起被钉入棺材板下面。要是没有这种负罪感，那我们会成为什么样的人呢？要紧的是赶紧把这种道地的正牌的瑞典式良心传播到全世界去，传播给那些很长时间内都属于道德低下的人。只有这样，才能发展出一种新的全球性意识，一种日益广泛公共参与。这里我看到了我们的历史使命。可惜，这个任务要求以一个烈士死亡的代价——我的揪紧的心早已经看明白了。

但是，威胁不仅仅来自小家子气的国家利益集团。你也知道，我们是用我们的进步尺度，把世界上的国家分成好国家和坏国家的，合乎情理的是，会发生那些坏国家对我们的判决作出激烈反应的情况。在我前面提到的国际法庭之后，肯定有过一种这样的反应。事情的复杂性在于，瑞典本身也是一个重要的武器出口国。我们的大炮当然只卖给那些任何时候都不会考虑使用武力的国家——就像我们自己不会使用武力一样。而就在这点上，真实的攻击性冒出了头。在有一些我访问的国家，上午的和平会谈中我可能还砸痛过他们的手指，教训他们不要动武，所以下午的进出口谈判中也不许他们购买我们的武器，只好羞愧地站在那里——也许他们出了什么价钱要我的脑袋。没有什么会比这种高含金量的道德更能引起极度厌恶的感觉了。在外交谈判完成之后，他们拥抱我的方式已经是一种友好的警告：继续这样下去，你可要小心其他国家的人了。

我知道。围绕我的这种紧张气氛已经是国际化的了。我已经看明白了，带有臭肉味道的圣人传说已经开始传播到了外国的媒体上。杀手已经从地球上的各个角落涌来。不过，如果他们要想赶在国内的极端狂热分子的前面，那他们就得抓紧时间了。这个时候我想到的还不仅仅是出口工业界某些部分的咬牙切齿的声音。我们国家的举着蓝黄旗子的纳粹分子，至少在警察和军人中的纳粹分子，都已经像猎狗一样闻到了一种特别危险的猎物的气味。他们一点都不明白我的角色其实是在国际紧张关系中做调和缓解的工作。事实上这个商场里面已经有人悄悄耳语着暗示，我很不巧地猝死因而没有完成的访问莫斯科的计划，目的本来就是要把瑞典出卖给苏联人。真他妈的愚蠢透顶！

你明白了，从很多方面都有人在算计我了。足够谋杀我好几次了。那个还逗留在这里的印第安人的小家庭，并不足以保护我，尽管这家人里最年长的那个还攥起拳头弯起胳膊，用手掌拍拍上臂，好像在显示自己的力量，可那里什么肌肉都没有。

不过，你当然会感到奇怪，我不能避免这种威胁吗？如果我看到的不祥之兆越来越多，我不应该及早拉响警报吗？我怕你没有看到在所发生的事里那种神秘的推动力。我并不是没有可能阻止那个凶手。不过，那样的话，我救了我自己的命，但是救不了我们的事业。这就是这个圣人传说转达的信息。

什么我们的事业？你会提出不同意见了。我们的事业不会有什么危险吧。不对，这偏偏就是你不会明白的，因为你是用大众给你的眼光来看事情的。当有一天整个事业都开始崩溃的时候，你也看不见。你愿意承认的瑞典，就是八十年代的瑞典，是黄金时代的瑞典，是一个如此奢华的时期，以至于到了今天还能闻到它自夸的味道。我们伟大的建设很可能还不够完整，还有一些细微的地方没有完成。不过我们的蓝图基本上已经成为现实了。我们克服了危机，我们庆祝了我们的胜利。就在你自己都没有注意到的时候，你却把我的注意力引向了那些痕迹，尽管这里面很黑很暗：成堆的布置宴会的彩带，还有香槟酒瓶子的软木塞。而且你记录了这里面的消费情况：曾经帮助我们夺得大选胜利的左派，就品尝奶酪来说，他们有非常讲究的口味，而和我们的其他合作党派大资本财团比较起来，他们对于牛排也更加挑剔。我相信，在这个金光闪耀的八十年代，我们也花得起天文数字的金钱在旅游上，到塔西提岛或者喜马拉雅山旅行，自然还能在周末去欧洲听莫扎特和马勒的音乐会。就不用提我们的社会保障了——有史以来第一次我们不愁吃穿，不怕生病，不怕孤独，而且也不怕意外的死亡。当然，一切都可以用信用卡赊账。但是，我们也可以让自己再奢侈一点。不管怎么说，在前一代人的帮助下，我们创造出了一个天堂——现在已经不仅是少数人享有特权了，特权已经变成了全民享受的义务。我们也能够废除伊甸园之前生效的那些经济法律。仅举一个例子就够了：我相信我知道，我们成功地把低通货膨胀率和充分就业结合了起来，尽管所有过去的分析都认为这是不可能的。世界其他国家都只能带着羡慕看着我们，吃惊地长大嘴。华尔街和联邦银行的金融专家们都赶到瑞典来研究我创造的奇迹。道路已经决定好了：正如我们事先想好的，前途就在我们受尽创伤的大工业和我们沉闷而保守的工会运动的交织之中。投资确实都是微细的，储备已经成为历史，但是多多少少肯定还是行得通的。所以，毫无疑问，也发生过我们打开了一瓶或两瓶香槟酒倒在塑料杯子里庆贺一番的情况，不过心里对我们的奢侈还有点害怕。而且，也一点没错，这酒档次很好，好得没有必要。不过我们是喝之无愧的，他妈的我敢说我们就是配喝这种酒。对了，所有这些事情，都可以在围绕着我的圣人传说里读到。

但是，这个超级快乐的王国实际上已经受到了威胁。就在这种让人眩晕的快乐中，我已经时常感觉到地面在下沉，同时还会听到那种奇怪的有些东西破碎的声音，差不多就像是在冻结的冰面上突然出现裂缝的那种声音。围绕我的故事自然情愿把这些让人恐怖的预兆忘记掉，不过那些感觉已经深深地刻在了我的心里。在我们的事业里似乎有一种紧张隐藏着，或者说是内在的矛盾。好像这个天堂是受到了自身建设的威胁。但是你还什么都看不见。唯一的确实可靠的不安迹象，就是在这种幸福的陶醉之中，我们党在民意调查中的支持率一路下跌。这是一种自相矛盾的事情——因为我们对于人民的思想意识还是很注意监督控制的，因此不应该看到这种事情发生。虽然支持率的下降可能更大程度上是跟我个人有关系的，而不是因为我们的事业。就好像这个事业在排斥我。无论如何，我个人给党带来的伤害在民意调查的支持率数字里显示得越来越清楚了——我难以原谅那些根本不愿意理解我的选民。

就是在我自己走下坡路的情况下，我那个圣人传说里令人窒息的信息就变得清楚了：我的死亡可以扭转支持率下降的局面，让下一次大选成为我们必定无疑的胜利，不过还不仅如此——我的死亡还可以发送出信号，发给我们周围的那个物质化的世界，从长远来看让那些不肯相信我们的人真能明白，而且努力把我们当作学习榜样。这里的潜在意思是，把牵涉到我个人的较大的威胁集中在我个人身上，这样就能抵达住大选失败的危险。

对此我肯定是拒不接受的。我的第一个反应，就是在党和政府里我的追随者中间提出那些充满威胁的迹象：事实上我们被迫去全面考虑我们的昂贵的建设。我可以想象他们的反应是多么吃惊，多么愤怒。我是不是昏了头？

很可能就是那个时候，我开始考虑瑞典的盲目。在我的钱包里有一张小小的剪报，说的是天使的语言。这是给一个叫做瑞典贝格的人的几行献词。上面说，天使是不会撒谎的。他们的说话器官是特别构成的，所以，如果他们不说真话的时候，他们的话马上就会从黑色变成白色。你可以理解，我是既不相信天使也不相信什么绝对真理的。对我来说，这些话语完全是另外的意思。那些在社会民主党统治下的瑞典成长起来的人，是好人。他们是不会撒谎的好人。但是，不仅仅如此。他们的嘴唇和舌头也已经有了特别形状，所以他们不能说别的，只能说我们认为真实的话，就在此时此地说。同样的情况也发生在头脑和心脏里。如果有人试图在异己的路线上考虑问题，或者表达的一种情感是和我们其他人认为对的和真的情感有冲突的，好吧，那么这个犯有罪过的人就会受到极度痛苦的折磨，他们的思想和情感立刻就会改变颜色和形式。我们不应该得到的东西，自己就会把自己擦掉。而我们不应该感觉的东西就会悄悄地从我们的意识里溜走。对啊，你自己就知道这不是什么言论审查。相反，这是体面的瑞典人保存自己的无辜的体面的艺术。这是一个有关天使语言的问题。

最危险的是我们不允许自己去看那些以这种或那种方式威胁我们安全生存的事情。这种荒谬属于吃了一顿丰盛晚宴酒足饭饱之后做的那种活该做的噩梦。要是我继续发出警告，那么我就完全变成孤家寡人了。

就在这里，圣人传说就会接管一切了。它提供一种非常方便的解决问题的办法，事实上，对于一个发出了警告又没人相信的人来说，这可能是唯一的解决办法了。这个圣人传说悄悄告诉我，在现实中的越来越宽的裂缝事实上是可以补救的。救治的良药可以用我的生命去买。

我没有去倾听现实中的越来越严重的警告声，而是用另一种方式去倾听地下的更加细微的声音，还有专门说给我个人听的符号，尽管这些声音和符号自然都是属于那个神话的。我可以活生生地想象出一切都将会怎么发生。我可以听见地面下的小心翼翼的脚步声，那是训练有素的人的脚步声在接近我，但是当我停下来想弄清这个脚步声具体在什么地方的时候，它又突然消失了。这个脚步声跟着我的脚步声，有一点紧张，还时刻准备撤退，我要是停下来的话，它也会正好在一秒钟后静止下来。一开始，我想说服自己相信，这种脚步声不过是一种自己脚步的回声，或者干脆就是幻觉。后来，在一阵不寒而栗的刺痛中，我很快意识到，这涉及到我的生命。

我刚穿过斯德哥尔摩奥兰达国际机场的到达厅，朝等着我的汽车走去。我转身问我的贴身警卫，他们是否听到了大理石地面下的脚步声。这个问题听起来那么奇怪，连我自己一边问一边都大笑起来了。他们都很吃惊，张口结舌地看着我，犹豫不决地跟着我笑起来。这件事情后来再也没有人提起过。

可能是过了几个星期以后，在一个国外的旅馆，我听见地板传出的耳语声。是有好几个人的声音在相当热烈地争辩着什么，用的是我不懂的一种语言。我只是不时地听见他们提到我的名字——我能明白的是他们的话背后的一种厌恶。我给大堂的服务台打了电话，询问他们是谁住在我下面的房间里。

——"阁下，楼下是空房，没客人。这是出于安全的理由而安排的。"

我走到外面的阳台上往下看。楼下的房间确实是漆黑一片没有灯光的。我把警卫叫来，让他们听地板里传出的声音。耳语声现在很不清楚了，但是完全还可以听见。

——"什么声音？"

他们都莫名其妙地瞪着我，还迅速互相交换了眼色。这是第一次，我看到了他们的眼睛。他们的眼睛都是苍白得发蓝的，就和埃利克的眼睛一样又大又直率。这是天使的眼睛。他们是看不见越来越密集的仇恨的。但是，在事情的构成里面，正是这种不知不觉也有它的位置。

——"什么声音？你不会真的相信，有什么人要来谋害你的吧？"

是啊，我能相信什么？我相信，我可能是唯一的还有力量去看的人。

在那个时候，我只有跟一个人还可以谈谈这些令人恐怖的迹象。不，不是范妮。她是不会理解的。基本上她只会拒绝看到还有任何什么事情可以威胁到我们的天堂，这是根据党章里的承诺我们终于在实现的天堂。我想，我说的这个人是工会里的一个经济学专家，无论如何是一个经济方面的直觉和我的看法完全不一样的人。她也许能够搞清楚，这都是些什么鬼名堂。

我站在她的门外，让我的手指尖读出那个椭圆的小铜牌上的名字。我的手在发抖，所以只摸出名字的第一个字母是L。其他的字母都在糊里糊涂的感觉中消失了。我感到很激动，不过同时又因为这种激动而感到良心不安。是电梯把我送上来的，那种令人眩晕的提升感就和我站在大会讲台上而真实的语言开始找到我的时候一样飘飘然。

我是和她约好了的。在她的门外我完全不动地站立了片刻，心里充满了欢快的感觉。我敢说我是很幸福的。

我转动了门锁——我甚至还有自己的钥匙。同时我还按了两下门铃——这是我们约好的信号吗？

她到门厅里来迎接我，身上只穿着白色的晨衣。她的手已经在解开晨衣的束带了。我吃惊地阻止她，用我的手按住她的手。一种背叛的感觉让我感到有一点点恶心。我甚至都不知道这个美丽而果断的女人叫什么名字。但是我很恐惧地意识到，她绝对不只是一个我的经济顾问。

我搞不明白，这种奇怪的背叛谁的感觉是怎么回事。如果我和这个女人有什么苟且之事，范妮肯定什么都会知道的，就从我最初的犹豫不决的性冲动就能感觉到。要是这样的话，她会饱受折磨，而且要努力弄明白，一个人怎么可以同时爱两个人。但是背叛谁的感觉不仅仅只和范尼有关。那就好像我也触犯了另一种忠诚。事实上我自己也不明白。

她能看出我是多么烦恼，把我拉到客厅里的一张小桌子边。我们面对面坐着，她的前额当然抵着我的前额，我也是不情愿地抵住她的前额。突然我控制不住我的手，伸过去抚摸她的面颊，能感到泪水从那里流过。我的手指太熟悉这些温暖的泪珠了。可是突然间，这也成了一个陌生

111

人的泪珠！

　　我开始结结巴巴地告诉她我的感觉，讲到地面的下沉，还有地下的充满威胁的声音。

　　——"我知道，"她低声说，"我早就料想到了。"

　　——"我们有什么办法吗？"

　　她叹息着说：

　　——"我们的天堂承担了太多承担不了的事。而你一旦承诺了的话，就再也收不回来了。民主对政治家提出的要求，远远超过他们敢认识到的要求。"

　　——"那么地下的声音是怎么回事呢？"

　　她不回答，只把手勾在我的脖颈上，抽噎了一下。

　　我的手指现在已经完全不听我的使唤，顺着她脸颊的完美曲线向下移到了她脖子上猛烈搏动的血管。我的手明白，它曾经拥有这一切，现在却在一摸到它的瞬间就失去了它。我感到恐惧，又去触摸她薄薄的鼻翼，还没来得及找到熟悉的感觉，它们也变成了陌生人的鼻孔。她抓住我的一只手，把它拉进晨衣里，放在她的一个乳房上。在一种不寒而栗的感觉中，我又一次认出了那柔软的皮肤——然后就再也认不出它了。我的手在她身上的动作，成了和一个突然出现的陌生人的一次亲密的会面。

　　我们站起来，无力地互相拥抱，还是前额抵着前额。

我们轻声说话。这些话越来越不清楚，说的是什么人，因为对某件事知道得太少，就什么也不明白了。我们说着的时候，她知道得就越来越少。我们突然就变得很贫穷。我肯定是借用了她的眼珠。现在我就看得模糊不清了。

在一阵突然的绝望中，她依偎到我身上，亲吻着我的前额、脸颊和脖颈，直到最后沉入到我的嘴里。我们的嘴唇和舌头都在搜寻亲密的混合——也注意到了它们已经互相失去了对方。这种亲密感觉就好像成为了猥亵。

而我明白了这是怎么回事。在我身边生长起来的圣人传说已经把她给推开了。在圣人的传记里，不应该有任何暧昧不清的事情。命运和孤独的模式已经在我周围固定起来了。现在，事情发生之后，很多年之后，我怎么会知道所有这一切，对我就变得清楚了。那是我的痛苦在帮助我记忆。我那个时候就早已经开始痛恨这个神话，它先截断我的四肢，然后才给我致命的一击，好像是为了减轻我的痛苦。

最后，必需的分手把我们带到了楼道里抖颤的灯光之下。我站到了几个台阶之下，而她留在半开的门边踌躇不决。这个时候我就发现我再也分辨不出她的样子了。她的面孔成了一片发亮的微光，没有任何线条和形式。她轻声细语地说了几句道别的话，我在她的声音里听到的是啜泣

113

但没有任何词语——她的声音里也没有任何可以把她和成千上万人的声音区别开的东西。她挥手和我告别，但是我也看不见任何手指，甚至看不见手，只有看到告别。我从她这里最后看到的是一道湿润的目光，从她面孔的无法确定的闪光中浮现出来。而这道目光里只有恐惧，只有陌生的感觉，其他什么都没有。那其实也是我自己的恐惧，我自己的陌生感。那也就是我留给她的最后的东西。

我再也不会接近她了。我甚至不会再找到她的地址，不允许我这样做。这是我走下楼梯的时候，我的沉重脚步告诉我的。

当夜风吹拂过我的脸上的时候，我能够感觉到，我让我爱的人是多么痛苦。

是的，我知道。我已经沉默了很长时间了。你可能以为我是在沉思，有人说我最近几个星期里在做报告的时候就经常是这样的——你可以在这里到处听到这种传言。其实我是在听我们旁边几个人的对话，这个对话让我有点不寒而栗。也许是我刚才说的有关什么背叛的话，让我变得机警起来。借用你的感官，我就能跟踪所有的阴谋诡计。你看那四个顺着过道跨着大步果断地走出去的人，他们刚才就在离开我们不到两米的地方把头凑在一起，低声密谋着用什么办法可以把他们的经理给甩掉。我听了身体都颤抖起来，就好像星期一早晨醒过来的酒鬼。我从骨子里就能感觉到，这和我也有关系。

这件事一定是这样发生的。那是在国务院的楼里，一个下午。我刚把卫生间的门锁打开，不过刚来得及把门打开一条缝，就听见了挂衣间的大衣中间有什么声音，提到了我的名字。有好几个人的声音，其中一个还是女人的声音，他们低声讨论怎么可以把我给甩掉。一个人说，我已经完蛋了，只剩下无聊，心不在焉，莫名其妙地发火。其实我自己也不想干了，想卷铺盖回家了，但是我对我自己难以承认这一点。那些低低的声音都纷纷表示同意。民意调查的支持率只落不升，一落再落。我早已经成为党的包袱，形势变得越来越严峻了。仇恨已经到了不再能控制的地步，我一直不断在把外面的攻击矛头引向自己，其实也就是把矛头对准了我们的事业。其他人都表示同意。可他妈的该拿我怎么办呢？要把我打发到什么地方去呢？派我做驻外大使的话，就是巴黎和华盛顿我也不会满足的。联合国的秘书长？在国际上不管怎么说我还是吃得开的。无论如何，我应该下台。他们再也承担不起我这个包袱了。我到底怎么啦，出了什么问题？就在党代会上听别人做报告的时候，我坐在那里出神，就好像在听什么遥远的地方来的声音。有一次，就在大家开会的时候，我甚至把两只手合拢做成一个陶土鸟笛的样子吹起来。显然，我已经再也不是生活在现实中了。只要想想，我唱的调子就是要降低大家的幸福程度，为的是从长远来看拯救我们的天堂。这完全是愚蠢透顶毫无策略的想法——要是把这种想法公布出去，那么下次大选就会成为对我们大家的屠杀。接着，一有人冒险提出反对意见，大家就怒火万丈地驳斥。又一次大家纷纷同意的声音。

我在挂衣间的大衣缝隙里往外望过去——不仅变得目瞪口呆。说话的都是我最亲密的班子里的人，正在密谋着反对我。我最亲近的人也不要我了！

我一生的最后一页就是从这里开始的。

在我生命的最后几个星期里，在我的办公室里到底发生了什么事情？我努力想从这些背叛我的话里读出来答案来："无聊"、"包袱"、"遥远的地方"……。这些话的上下文实际上是不难重新构建的。就我这方面来看，瑞典方面针对那些令人不快的渗透所采取的防护措施已经开始出现裂缝了，令人恐怖的外来图像已经成功地进入了我们的视野。

我刚才是不是对你说过地面下沉的事情，还有冰面裂缝的声音传上来？我相信，到了这段时间，所有这些声音我就听得越来越清楚了。我是不是唯一的明白这件事情的人？是不是只有无聊的人才会对真正发生的事情有感觉？

我肯定是心不在焉的。我很可能只在无力的恐惧中倾听这个谁也料想不到的表面之下的日益增长的威胁。我们所取得的一切成就，尽管不合自然法则我们仍在飞升的飘飘然的感觉，带着不安的良心获得的安全感，还有令人尴尬的香槟酒带来的陶醉状态——这些肯定开始让我感到无聊了，无聊透顶。我的同事们感到如此享受的，当然是一种明显的现实。那是风，什么都不是，只是风而已。

当我自己努力去把现实里的裂缝后面我感觉到的东西，变成看得见的形象的时候，我在一瞬间看到我面前是一张有点发黄的照片上大群被失业驱使着的群众——我肯定是在我们之前的大萧条时代看到过这样的照片——而我在另一个瞬间看到的是无数的还未出生的人的毫无防卫能力的样子：闪烁着淡淡蓝光的透明的面孔，折弯了腰的负债累累的小小的脊背，无助地伸开的责备我们的微小的手，手上还布满了湿疹，非常微小且难以呼吸的生物；他们是一个独一无二的撕裂心脏的呼吁，但同时也有一点像是我一度在地下储藏室深处的罐头架子上看见的那些蜥蜴一样可怕的生物。这就好像未来是从过去就开始了。而且要为了我们的现在付出代价。

这些躲在挂衣室后面的阴谋家们怎么能把不可想象的巨大威胁降低成为一个个人的事情呢？他们怎么可以幻想我们的令人自豪的福利建设应该是不可伤害的，或者从根基上就是彻底考虑好的？他们看到的是他们敢看的事情。

我们的经济增长本身就是一个神话吗？唯一真正增长

的也许就是公共部门而已。然后把债务加在尚未出生的人头上。在无聊的光线里，你可以料想到这一点，在绝望的光线里，你才敢去想这样的想法。

和我的那些说悄悄话的同事不一样的是，我可以听见就要开始发生的崩溃。我可以看到，安全的瑞典日历就要松散溃烂瓦解了，就像在一片雨后水洼里的一份旧报纸，而让位给一个过去不可想象的星期一。

在我那些黑色但清晰透明的时刻里，我肯定瞥见了那个痛苦的解决方案。L说的是对的：我们是负担过重了。如果要不让我们的天堂完全崩溃，必须大幅度削减，既要缩减那些像天堂一样赈济穷人的免费食堂，还要砍掉很多毫无限制的安抚补助资金。而大多数人他妈的还得劳驾他们去工作。可是，你怎么能拿着这种药方去见党内的人和那些选民呢？他们根本就无心去接受哪怕是一个令人不安的迹象。他们会认为我发疯了。或者还要更加糟糕——有人会说：

——这纯属右派政策。这么看来，老鼠生儿会打洞，这个富人家出身的小伙子最后还是从这帮杂种堆里钻出来的。

而我那些背叛我的同事们有一个早晨给我拿出了一份工作纲领，里面一点都不允许提到什么笼罩一切的威胁。

我假装什么都不在乎，而他们则热烈地说起问题的象征性的解决办法，而实际上他们拒绝更进一步地看这些问题。这帮装神弄鬼的巫男巫女！实际上我是在束手无策地听着一个现实中越来越强烈的崩溃着的声音。而这个围绕我的圈子却发现我"心不在焉"！

我的同事们不足以对付我们正在落入的严重情况。他们的手指上都没有了手指尖。他们甚至也没有"勇气"去看。我突然感到一阵恶心，明白了我已经是最后的一个政治家。

但是，用我的死亡，我还是能阻止正在到来的这场灾难。我还是能够动员所有正面的力量。那个神话可以保证我，用一次英勇献身的行为，我可以把历史指引到其他的方向。

也许，我终究得告诉你，我在挂衣间挂着的大衣之间往外看的时候到底看到了什么：光滑的面孔，没有任何身份可以确认。我的理智告诉我，这些人是我的徒弟，我的弟子，但是我已经不认识他们了，一个人都不认识了。他们的面孔已经什么都不是了，只有一片模糊的闪光。

在我遇到麻烦的情况下，我很可能会做过去我在这种情况下肯定做了很多次的事情。我翻我的钱包，找到有马丁地址的纸条。坐在马丁·弗雷德的厨房里的桌子旁边，我可以让时间停下来一会儿，考虑一些问题。他的智慧而沉稳的声音，从这个世纪初以来就一直加入了工人运动，会再一次地把四分五裂的图像的碎片重新拼凑起来。我打算花一小时听他讲自己的经验，他总是精力充沛且集中，虽然有点失望但是对党依然忠心耿耿。在他这里，我对于威胁我们的事情会有一种新的理解，我会获得新的力量。

马丁当然热情欢迎我，也许对我突然来找他也有一点吃惊。我肯定是努力抵制了要拥抱他的诱惑，他那一代人对这样的身体接触还是难以接受的。他们喜欢有力的干净的握手。相对来说，我可以想象他会长久地握着我的手不放开。但是我感觉不到来自他的手的温暖。我听见他说话但是听不清楚任何一个字。我听见我自己在绝望地请求他的帮助。我也听到他的困惑的但是安慰我的语调——但是我连一个字听不清楚。

是不是到了那个时候我才真的看见了他的脸？我心烦意乱地盯着他的脸看了很久。我看到的是一片光亮，普通的闪光，但是没有形状。

我再也看不见马丁了。甚至马丁我都看不见了。当我有气无力地和他告别的时候，我听见他的不安的声音在我身后的楼梯里响着。但是没有一个字我能听见。我是那么孤独，独自一个人无聊着。我的最后时刻到来了。

只剩下最后一个章节了，在这个章节里我要睁大我的眼睛去面对我无法避免的事情。也是我睁大眼睛去相信的事情。在下一次的大选里，在我的任期内的令人痛苦的大滑坡之后，我们当然要赢得排山倒海一样的胜利。在大选那一天，人民会站出来转向同一个人，在哭泣中把选票投入投票箱。在我的死亡之后，就没有什么大选我们会再次失败了。在我最后一次散步的时候，我已经能非常清楚地感觉到这一点。

　　我的死亡之日是三月里的一个阳光灿烂空气清新让人精神振奋的日子。我有没有告诉你那封威胁信的事情？这封信是用报纸上剪下来的字母拼写出来的，让我想起恺撒被谋杀的那个黑色日子，三月十五日，不管怎么说我把它揉成一团扔进字纸篓里了。我意外地生活在一个自由的小夹缝里，甚至有一点陶醉——现在，事情过后，我已经明白了——我是陶醉于我被砍头之前自身会产生的吗啡。

我把我的贴身保镖哄骗开了，自己去看一场足球赛，也就是为了能够再一次坐在普通老百姓的中间，感觉到他们身体的激动，分享他们呼喊出的愿望，或者分享他们失望时的呻吟，沉入他们感情起伏的波浪里，而他们不会问我是谁，只会闭着眼看都不看就理所当然地接受我。我是不是还能分辨出个人的面孔，或者分辨个人的声音，在这里已经没什么关系了，不再那么重要了，因为我们都漂浮到了一个广大的、让人快乐无比的无名状态中。而且死亡也没什么关系了。

我肯定是带了家里人一起去的，至少带了范妮，但是所有具体的形象都已经被擦掉了，但又不是缺少：我们全都融化到了一种无限的、像波涛滚滚而来的同志之谊朋友之情中。这是我曾经希望过的，就希望自己也这样融化到工人运动中去。

突然，我感觉到一阵孤独和绝望的刺痛。就在那种乐陶陶的状态之中，我预料球赛结束之后的情况就会非常明显不同了，职责的沉重和尖锐又会压倒我，就像是清晨四点我醒来时的感觉。在半是焦急半是慌张的情况下，我突然抓住旁边一个陌生人的肩膀，哀求着：

"放了我吧！"

那时我的软弱无力的时刻。

我可以想象，赛场看台的长凳上那个坐在我旁边的人的反应。他心不在焉地安慰我，用的是不说什么话的瑞典人的方式：轻轻地拍打我的手，然后就把他的手在我的手上放了一会儿，但也不会放很长时间。但是他的目光一直还是朝着球赛那边看。

我再也无法投入到看球赛的大众的那种热情中去了。现在我看一切都是在黎明前那种灰暗清冷的光线里。我已经不是真的人了。只有我的死亡可以把我放在其他人的生活里。不是说我就分解了，然后在我一瞬间可以幻想到的他们的生存状态中浮现出来——我从来就走不出我的神秘的轮廓，无法超越它。但是我可以用一种特殊方式安置在他们的生存状态里，那就是说，我把他们的思想和他们的希望纳入到我自己身上，或者说我成为一种容器，可以容纳他们的恐惧和他们的有点羞愧的对明天的信仰，而这个明天是他们其实并不真的认为他们配得到的明天。我要当一个挑夫，又是一个请愿者。不过，这都要等到我和他们告别之后。

不，他们是不会放过我的。

我是步行离开足球场的，从各个方向钻进人群，夹杂在一半感到失望一半感到陶醉的人群里。我很轻，以至于在拥挤中时不时会失去和地面的接触。有几个对方球队的球迷，反戴着帽子，把他们的旗子在我面前挥舞着，嘴里喝着倒彩，还拍打我的后背，那既是具体的疼痛，又是让人感到轻松的。其中有一个人打了我一下，还对我的脸吐口水：我被他们认出来了。还没等我擦干脸上的口水，我又被人朝另一个方向压过去，又被推进了那个无名的人群中间。我周围的身体在所有的层面上都蒸发了，这一个人或者另一个人可以横穿我的身体挤过去，就好像我这个人根本不在这里。按照常理，范妮应该是走在我旁边的。但是我完全是一个人在走。就好像所有的力量都从我的肌肉和神经里漏走了。

我带着一种不断增长的期望向前走，而这时我身边的人也越来越少了。我想我在足球赛之前给马丁打过电话，告诉他球赛之后我们想路过他家进去坐坐。我把有他地址的纸条塞在口袋里。这是现实剩下的随后一点残余。

我期待我在任何时候随时随地都能看到的，就是我前面的这条街道，它被四个或五个家伙封锁起来了，这些家伙的面孔都是花岗岩的，右手都插在左胳膊下面的手枪皮套子里。在我踌躇不定地转过身去的时候，我会看到同样冷面无情的一排人从另一个方向接近我。但是，没有那种看得出来的雇佣兵出现。

刀子是突然捅过来的，从我的后面。当然如此。我从来就没看到我的杀手的面孔。我也不认为他有什么面孔。实际上他可能有很多面孔，但都装在一个面孔里，所以没有一个面孔可以分辨出来了。除此之外，我能感觉到的就是可怕的剧痛，一刀捅完又是一刀，又是一刀，就好像有很多很多人一起从我的身后发起攻击，推推搡搡，都想最后能捞到一个打击的机会，那些手已经等待这个时刻很久很久了，早就都仔细地想好了，刀子要怎么捅进去，要怎么转动。

最后的那几秒钟居然是那么漫长。有人把我翻了身，让我仰面朝天躺着。我什么都看不见，但是能感到范妮对着我的脸的呼吸气息。所以我还来得及认识到，所谓告别到底是什么意思。她扶着我的颈子的手已经是我的颈子不可分开的一部分。她的想法也在慌张中进入我的脑子里寻找一种支持，能够保留住我的意识，这种想法和我自己的想法也不能分开来思想了。同时，分离已经不可避免，是一种缓慢的照相机镜头的移动，让一个人变得越来越不清楚，而让另一个人越来越孤独。一个人的神经在另一个人身上绷紧，就像干了的橡皮筋。一次又一次呼吸中，我失去了她。她的手，本已是我的颈子的一部分，突然扯开，撕裂了我的皮肉组织。她最后的闪着荧光的记忆图像从我的脑结里抽出去，让我不寒而栗，就像刚才我的膀胱突然变空的时候一样。我无法再听见她的思想了！而且我也明白我的思想在她的脑子里也静止下来了。这种损失带来的痛苦在短短一秒钟里面把视力还给了我。但是，在一切又变成漆黑一片之前，我能看到的也只是在应该是她的面孔的那个方向的一片绝望的泪光，其他什么都没有。就连应该是她的样子也再也没有了。

现在我看到的只是在我的头颅里面像鬼魂一样出没的图像。食品商场、黑光、毫无意义的奢侈。还有你——只要我继续和你说话，你就继续存在。

我也听见那个神话在嘀嘀咕咕，横穿过死亡瞬间的痛苦，深远地进入了我死后的存在中，说的是我们的事业无论如何还依然站立不倒。但是，这个说话声的调子是嘲弄人的。

到了这个阶段，我怕我已经被人狠狠捉弄了一番，让权力和我开了一个大大的玩笑。我的死亡当然给我们党带来了大选的胜利，但是胜利的甜蜜肯定非常短暂。现在我看我周围到处都是食品商场了，比过去任何时候都更加势力壮大。这里面的每一个花摊或者肉柜都在悄悄地说我们的败落——不论我们此时此刻是不是执政党、是否拥有政府权力，这都没有什么意义了——显而易见，红色已经再也不是这个世界的颜色了。

但我首先害怕的，还是说到真正的威胁这个问题，我可能还是上当了。我告诉你的那些迹象，其实是试图告诉我以后会发生什么事情，但是我却是根据那个愚不可及的圣人传说来对待的，我实在小看了我本应该消除的这种危险的严重性。这个背叛我出卖我的故事是要说服我，用我的死亡，我就能把我们赎买出眼下充满威胁的境地——我最后的行为就是接受了市场游戏的规则。

有很长时间我都一直在倾听来自我们伟大的节节胜利的事业的声音，这个事业通过我的烈士般的死亡，可以世世代代立于不败之地，并且会在那些不信我们的人民中间扩大和传播。我听了又听，但是只听见一片沉寂，不时还听到那种什么东西破裂的声音。要是还有什么东西可以挽救的话，挽救什么，怎么挽救，这也都是由我们的债主来决定的。那些等待得太久的人，会被剥夺提议的机会。我担心，世界上的人其实已经把我们国家当作敲响警钟的例子了。

要是现实呼唤我的时候我曾经倾听过就好了！要是在摇晃的大地本身要求我承担责任的时候我倾听过就好了。现在，连现实也背弃我而去了。剩下的只有模糊不定，只有背叛，还有让人不寒而栗的猜测。

唯一能确定的是仇恨：是种种暗示和影射，是泼污水吐唾沫，是无休止的嘲弄和辱骂，是能深入到木头和墙壁里的抹黑和中伤，所有这些都证明仇恨依然存在，而且还有的是时间继续存在下去。这个国家悼念我的那个月，仇恨乖巧地保持了一个月的低调，但是很快又重新凝聚了它的力量。仇恨就是我的王国。

也别要求我展示给你看的我的死亡给世界带来什么。这种任务本身就已经没有什么道理，因为更加洋洋大观的图像也不可能带入到这个商场里的自我中心的黑色光线里。不过，我也担心，没有什么让人感到希望的迹象我可以指出来。我怕所谓拯救只不过是金光闪闪其实毫无价值的假货，其实什么都不是，而且也会很快变黑了。

我也就没什么更多的可说了。该说的都说了。而说过的也早已都忘记了。这个空荡的食品商场充满的是空，不过还继续在指示着生存的条件。唯一明显的事情是我胸中有一种不可承受的压力。唯一确定的事情是固执不变的仇恨，那么坚固，以至于你都难以说出来了。

没什么了，再没有什么可说的了。你最好还是离开我吧。

译者后记：一个理想主义者的毁灭

《仇恨》的主角在现实生活中的原型是出任过瑞典首相的瑞典社会民主党主席乌拉夫·帕尔梅。一九八六年二月二十八日晚间，帕尔梅携夫人外出看电影，也没有任何警卫随行，电影散场后准备坐地铁回家，在地铁入口处遭刺客枪击，当场毙命。这个事件曾经震惊世界，因为瑞典当时被认为是世界最富裕最和平安宁的福利国家之一，发生这样残忍的刺杀国家领导人的事件令人难以置信。

事件发生之后，瑞典政府曾成立专门机构，投入大量人力物力调查，并重金悬赏能帮助破案者，但事过二十八年，这个谋杀案依然没有破案，谁是真正的凶手依然还是一个未解的谜。案情扑朔迷离头绪繁乱，有的线索指向国际的背景，涉及南非白人种族主义者政权或者南美洲的新独裁者，也有土耳其库尔德斯坦独立党到前苏联的克格勃秘密警察等等；有些线索则指向瑞典国内的极右翼分子，甚至事件发生的当晚警察和安全部门内部的电话通讯都非常可疑，更给人某种政治阴谋的味道。而某位主持调查的官员又曾言之凿凿地宣布，这次谋杀背后没有发现任何组织背景，纯粹只是某些仇恨帕尔梅的个人一时性起的丧心病狂的行为，个别嫌疑犯因此被捕，但最终都因为缺乏证据而释放。

《仇恨》的作者从一个文学家的视角出发，以独白小说的形式，对这次事件的人物命运和内在逻辑做出自己的大胆解释：仇恨。失忆的年代中唯一还具有记忆的是仇恨。仇恨是人的本性之一，也是人性的弱点，是人自身构成的地狱。在作者的解释中，帕尔梅的强烈个性已经导致对他个人的强烈仇恨，是仇恨包围了他，最终也吞噬了他的生命。这种仇恨可以来自各个阶层，也可以来自各个方向，可以来自不同利益集团也可以来自不同信仰团体，可以来自政治右翼也可以来自自己的政党内部，可以来自国家政权也可以来自个人，可以来自国内也可以来自国外。作者甚至写到，由于帕尔梅的个性导致社会民主党民意调查支持率的大幅下降，连社会民主党内都有人要摆脱他，那么他的死甚至是符合本党利益需要的必然结果。难怪小说发表之后曾引发瑞典社会民主党对作者的强烈抗议，在

131

瑞典社会也引起激烈反弹。对此，作者曾辩解说，文学虽然描述政治，但文学不是政治本身，文学家有自己的想象和表达的权力和自由，可以对生活做出自己的结论。

简言之，《仇恨》描述的是一个理想主义者的悲剧。

帕尔梅毫无疑问是个理想主义者。正如小说的描写，他本来出身于瑞典名门望族，属于富有的上层阶级，却成了他那个阶级的反叛者，面对贫富的差距，他感到自身阶级的罪责和耻辱。小说开始写到他砸毁家里地下储藏室里的食品的行动，是这种反叛的开始。而他所爱的佃户女儿因贫病而死，也导致他对社会不公的愤怒和批判。一个挪威难民对他的教训，让他懂得个人对社会承担的责任。因此，他要致力建立一个人人平等、人人自由而且没有贫富差距的理想社会，也就是一种起源于乌托邦和空想社会主义的共产主义理想。他因此放弃了养尊处优的贵族生活，加入了工人阶级的队伍，甚至成了社会民主党领袖，为这个党通过议会道路连续执政立下过汗马功劳。帕尔梅是个出色的演说家，或者如小说中说的，是个"煽动家"，有一个政治家需要的卡利斯玛魅力，能动员群众跟着他走，所以曾两度赢得大选，出任瑞典首相（1969—1976和1982—1986）。此外，帕尔梅在国际上也非常活跃，敢于对抗超级大国的势力，既带头反对美国对越南的战争，又反对苏联入侵阿富汗的战争。帕尔梅总是站在弱小贫穷者一边，因此得到很多人的爱戴，但也招来很多人的忌恨。

了解国际社会主义和共产主义运动史的人都知道，社会民主党其实是从共产党里分化出来的，其思想资源基本是相同的。社会主义和共产主义思潮在北欧势力一直非常强大。我到北欧留学并定居下来也近三十年了，而每年的五一国际劳动节，我都会在奥斯陆或者斯德哥尔摩的街头看到浩浩荡荡的工人阶级游行队伍，而社会民主党或者共产党的领袖们总是走在队伍的最前列，到处红旗招展，到处是镰刀斧头的符号，到处有人高唱国际歌。这种工人游行的场面在我的祖国都已经见不到了，没想到我会在这里重温旧梦。

当然，社会民主党不同于共产党，他们不主张通过暴力革命夺取政权，而是走议会道路，通过民主选举的手段掌握政权。瑞典就是世界上工人阶级的政党社会民主党最早通过大选当政的国家。在经济上，社会民主党并不像共产党那样主张消灭私有制，生产资料完全国有化，而是通过税收来缩小贫富差距，达到社会公正。如果说，共产党是杀富济贫，那么社会民主党人是劫富济贫；如果说共产党人是要无产者联合起来消灭有产者，那么社会民主党人则主张无产者和有产者都要联合起来。所以帕尔梅有一句名言："从来就没有他们，只有我们"，用中国旧式的表达方式，大概就是"四海之内皆兄弟也"。

　　"四海之内皆兄弟"的理想当然美好，但是和现实的差距实在巨大，也难免和现实发生尖锐的冲突。用小说主人公的一位女朋友的说法，这种理想主义者承担了太大的责任，实际上是自己承担不了的责任。那么失败乃至毁灭也是必然的，这既是一个个人的悲剧，其实又是一个群体的悲剧，是一个政治的悲剧。在作者的结论里，帕尔梅的死亡似乎偶然，似乎是个孤立的事件，其实又有深刻的历史必然性。

　　仇恨帕尔梅的人虽然很多，但是爱戴他的人也很多，虽然他被刺已经二十八年了，他的墓地上至今还是鲜花不断，而且多半还是代表了社会民主党的红玫瑰。

　　一个理想主义者可能失败，可能毁灭，但理想在人类社会总会存在，这也可能是悲剧还将不断重演不断发生的必然原因，对此译者不得不唏嘘不已。

　　　　　　　　　万　之

2014 年 3 月 15 日完稿于斯德哥尔摩

图书在版编目(CIP)数据

仇恨/(瑞典)埃斯普马克(Espmark, K.)著;万之译.
—上海:上海人民出版社,2014
(失忆的年代)
书名原文:Hatet
ISBN 978 - 7 - 208 - 12228 - 4

Ⅰ.①仇…　Ⅱ.①埃…　②万…　Ⅲ.①长篇小说-瑞
典-现代　Ⅳ.①I532.45

中国版本图书馆 CIP 数据核字(2014)第 073942 号

Hatet
© KJELL ESPMARK 1993
ISBN 91 - 1 - 300698 - 3
1995 年瑞典北方出版社(Norstedts)第一版

Thanks for the Support from Swedish Arts Council

出 品 人　邵　敏
责任编辑　邵　敏
封面装帧　王小阳工作室

世纪文睿出品

仇恨
[瑞典]谢尔·埃斯普马克 著　万 之 译

出　　版　世纪出版集团 上海人民出版社
　　　　　(200001　上海福建中路 193 号　www.shsjwr.com)
出　　品　世纪出版股份有限公司上海世纪文睿文化传播分公司
发　　行　世纪出版股份有限公司发行中心
印　　刷　常熟兴达印刷有限公司
开　　本　787×1092 1/32
印　　张　4.5
字　　数　65 000
版　　次　2014 年 5 月第 1 版
印　　次　2014 年 5 月第 1 次印刷
I S B N　978 - 7 - 208 - 12228 - 4/I·1245
定　　价　20.00 元